Walter Benjamin
1892-1940

HANNAH ARENDT

Walter Benjamin
1892-1940

Traduit de l'anglais par

AGNÈS OPPENHEIMER-FAURE

&

PATRICK LÉVY

ÉDITIONS ALLIA

16, RUE CHARLEMAGNE, PARIS IVe

2015

TITRE ORIGINAL
Walter Benjamin
1892-1940

Walter Benjamin : 1892-1940 a paru dans *The New Yorker* en 1968, puis en introduction au recueil d'essais de Benjamin, *Illuminations*, Harcourt, Brace & World, 1968. Il existe deux versions du présent essai : la "version originale" allemande (aujourd'hui accessible dans : H. Arendt, *Benjamin, Brecht, Zwei Essays*, Piper Verlag, Munich, 1971) et sa traduction américaine. Celle-ci – reprise dans *Men in Dark Times* – diffère très sensiblement de celle-là, surtout pour ce qui est de la première partie. Dans l'ensemble, nous avons suivi le texte plus bref paru aux États-Unis, mais sans perdre de vue l'original allemand dont nous voulions préserver le style et l'esprit. (N.d.T.) [Ce texte a été publié dans *Vies politiques* (Paris, Gallimard, 1974). Nous avons pour cette édition modifié l'appareil critique pour renvoyer le lecteur aux éditions actuellement disponibles des textes de Walter Benjamin. (N.d.E.)]

I. LE BOSSU

FAMA, cette déesse tant convoitée, a beaucoup de visages, et la gloire vient sous des formes et des formats divers – de la célébrité passagère à la une d'un magazine, à l'éclat d'un nom immortel. La gloire posthume est l'un des articles les plus rares et les moins recherchés de *Fama*, bien qu'elle soit moins arbitraire et souvent plus solide que les autres, dans la mesure où elle n'échoit que rarement à une pure et simple marchandise. Le premier bénéficiaire est mort et de ce fait n'est pas à vendre. Cette gloire posthume, non commerciale et non rentable, est maintenant venue en Allemagne au nom et à l'œuvre de Walter Benjamin, écrivain juif allemand qui fut connu, mais non célèbre, pour ses contributions à des magazines et des rubriques littéraires de journaux pendant moins de dix ans, avant la prise du pouvoir par Hitler et sa propre émigration. Peu connaissaient encore son nom lorsqu'il choisit la mort en ces premiers jours du désastre de 1940 qui, pour beaucoup d'hommes de cette origine et de cette génération, marquèrent le moment le plus sombre de la guerre – la France effondrée, l'Angleterre menacée, le pacte Hitler-Staline encore inébranlé dont la conséquence la plus redoutée à ce moment était l'étroite coopération des deux plus puissantes forces de police secrète en Europe. Quinze ans plus tard, une édition en deux volumes de ses écrits fut publiée en Allemagne et lui apporta immédiatement un *succès d'estime** qui allait bien au-delà de la reconnaissance par une minorité qu'il avait connue durant sa vie. Et puisque la simple réputation, si haute qu'elle soit, dans la mesure où elle repose sur le jugement des meilleurs, ne suffit jamais pour assurer aux écrivains et aux artistes cette subsistance que seule la gloire, la reconnaissance par une majorité qui n'a pas besoin d'être colossale, peuvent garantir, on est doublement tenté de dire (avec Cicéron) : *Si vivi vicissent qui morte vicerunt* – comme tout aurait été différent “s'ils avaient été victorieux durant leur vie, ceux qui ont remporté la victoire dans la mort”.

La gloire posthume est chose trop singulière pour être imputée à l'aveuglement du monde ou à la corruption d'un milieu littéraire. On ne peut pas dire non plus qu'elle est la récompense amère de ceux qui devançaient leur temps comme si l'histoire était une piste de course

*Les mots et expressions en italique suivis d'un astérisque sont en français dans le texte. Les notes des traducteurs sont appelées par un chiffre romain et reportées en page 107. Les notes de l'auteur sont appelées par un chiffre arabe et figurent en bas de page.

où certains concurrents passent si vite qu'ils n'ont le temps que de sortir du champ visuel du spectateur. Au contraire la gloire posthume pour un homme est habituellement précédée par la reconnaissance la plus haute de la part de ses pairs. Quand Kafka mourut en 1924, les quelques livres qu'il avait publiés ne s'étaient pas vendus à plus de deux cents exemplaires, mais ses amis littéraires et les quelques lecteurs qui étaient presque accidentellement tombés sur les brèves pièces de prose (aucun des romans n'avait encore été publié) savaient sans hésiter qu'il était l'un des maîtres de la prose moderne. Walter Benjamin avait été reconnu tôt, et non seulement d'hommes dont les noms à cette époque étaient encore inconnus, tels que Gershom Scholem, l'ami de sa jeunesse, et Theodor Wiesengrund Adorno, son premier et seul disciple, qui sont responsables ensemble de l'édition posthume de ses œuvres et lettres[1]. Une reconnaissance immédiate, on est tenté de dire instinctive, vint de Hugo von Hofmannsthal, qui publia l'essai de Benjamin sur les *Affinités électives* de Goethe en 1924, et de Bertolt Brecht, qui aurait dit, apprenant la mort de Benjamin, que c'était la première vraie perte qu'Hitler faisait subir à la littérature allemande. Nous ne pouvons savoir s'il existe quelque chose comme un génie complètement méconnu, ou si c'est le rêve de ceux qui ne sont pas des génies ; mais nous avons des raisons d'être certains que la gloire posthume ne sera pas leur lot.

La gloire est un phénomène social ; *ad gloriam non est satis unius opinio* (comme remarquait Sénèque avec sagesse et pédantisme), "pour la gloire, l'opinion d'un seul ne suffit pas", bien qu'elle suffise pour l'amitié et pour l'amour. Et aucune société ne peut proprement fonctionner sans classification, sans une distribution des choses et des hommes dans des classes et des modèles imposés. Cette classification nécessaire est la base de toute discrimination sociale, et la discrimination, en dépit de l'opinion aujourd'hui contraire, n'est pas moins un élément constitutif du domaine social que l'égalité n'est un élément constitutif du domaine politique. L'important est que dans la société chacun doit répondre à la question concernant *ce qu'*il est – par opposition à la question demandant *qui* il est – quels sont ses rôle et fonction, et la réponse bien sûr ne peut jamais être : je suis unique, non du fait de l'arrogance que cela impliquerait mais parce que cette réponse n'aurait pas de sens. Dans le cas de Benjamin, le malheur (si c'en fut un), peut être diagnostiqué rétrospectivement avec une grande précision ; quand Hofmannsthal eut lu le long essai sur Goethe de cet auteur complètement inconnu, il le déclara "*schlechthin* *unvergleichlich*" (absolument incomparable), et le malheur était qu'il avait littéralement raison, le texte ne pouvait être comparé avec aucun autre texte de la littérature existante. Le malheur dans tout ce qu'écrivit Benjamin fut que cela se révéla toujours être *sui generis*.

La gloire posthume semble donc être le lot des inclassables, c'est-à-dire de ceux dont l'œuvre n'est pas ajustée à l'ordre existant ni n'introduit un genre nouveau qui se prête lui-même à une classification future. Les innombrables tentatives d'écrire *à la Kafka**, toutes de lugubres échecs, n'ont eu d'autre résultat que de souligner le caractère unique de Kafka, cette originalité absolue qu'on ne peut faire remonter à aucun prédécesseur et qui n'admet aucun successeur. C'est ce dont la société peut le moins s'accommoder et ce à quoi elle aura toujours beaucoup de répugnance à accorder le sceau de son approbation. Pour parler net, il serait aussi trompeur aujourd'hui de présenter Walter Benjamin comme un critique littéraire et un essayiste qu'il eût été trompeur de présenter Kafka en 1924 comme un auteur de nouvelles et un romancier. Pour décrire correctement son œuvre, et le décrire lui-même comme un auteur dans le cadre de référence habituel, il faudrait recourir à bien des négations, telles que : son érudition était grande, mais il n'était pas un spécialiste ;

son travail portait sur des textes et leur interprétation, mais il n'était pas un philologue ; il était très attiré non par la religion mais par la théologie et le modèle théologique d'interprétation pour lequel le texte lui-même est sacré, mais il n'était pas un théologien et ne s'intéressait pas particulièrement à la Bible ; il était un écrivain-né, mais sa plus grande ambition était de produire une œuvre consistant entièrement en citations ; il fut le premier Allemand à traduire Proust (en collaboration avec Franz Hessel) et Saint-John Perse, et auparavant il avait traduit les *Tableaux parisiens* de Baudelaire, mais il n'était pas un traducteur ; il recensa des livres et écrivit nombre d'essais sur des écrivains vivants et morts, mais il n'était pas un critique littéraire ; il écrivit un livre sur le Baroque allemand et laissa une énorme étude inachevée sur le XIXe siècle français, mais il n'était pas un historien, de la littérature ou d'autre chose ; j'essaierai de montrer que sans être poète ni philosophe, il pensait poétiquement.

Cependant, dans les rares moments où il s'est soucié de définir ce qu'il faisait, Benjamin s'est pensé lui-même comme un critique littéraire, et, pour autant qu'il a ambitionné une position dans la vie, ce fut d'être "le seul véritable critique de la littérature allemande" (selon les mots de Scholem dans l'une des rares lettres à l'ami, très belles, qui aient été publiées), à ceci près que l'idée même de devenir par là un membre utile de la société lui eût répugné. Il n'y a pas de doute qu'il était d'accord avec Baudelaire, "*Être un homme utile m'a paru toujours quelque chose de bien hideux* *." Dans les paragraphes d'introduction à l'essai sur les *Affinités électives*, Benjamin a expliqué comment il voyait la tâche du critique littéraire. Il commence par distinguer entre un commentaire et une critique. (Sans le dire, peut-être même sans s'en rendre compte, il utilisait le terme *Kritik*, qui dans l'usage normal désigne la critique, au sens où Kant l'employait quand il parlait d'une *Critique de la raison pure*.)

"L'affaire de la critique (écrivait-il) est la vérité d'une œuvre d'art, celle du commentaire son sujet. Le rapport entre les deux est déterminé par cette loi fondamentale de la littérature selon laquelle la vérité de l'œuvre importe d'autant plus qu'elle est plus invisiblement et plus intimement liée à son sujet. Si en effet se révèlent durables précisément ces œuvres dont la vérité est le plus profondément enfouie dans leur sujet, le spectateur qui les contemple longtemps après leur époque trouve les *realia* d'autant plus frappantes dans l'œuvre, que dans le monde elles se sont évanouies. Cela signifie que le sujet et la vérité, unies dans la première période de l'œuvre, se séparent durant sa vie postérieure ; le sujet devient plus frappant parce que la vérité garde son occultation originelle. Dans une mesure sans cesse croissante, par conséquent, l'interprétation du frappant et de l'étrange, c'est-à-dire du sujet, devient une exigence préalable pour tout critique ultérieur. On peut le comparer à un paléographe en face d'un parchemin dont le texte pâli est recouvert par les caractères plus forts d'un écrit qui se rapporte à ce texte. De même que le paléographe devrait commencer par lire cet écrit, le critique doit commencer par faire un commentaire de son texte. Et, de cette activité, surgit immédiatement un critère inestimable de jugement critique ; alors seulement le critique peut poser la question fondamentale de toute critique : celle de savoir si l'éclat du contenu en vérité de l'œuvre est dû à son sujet, ou si la survie du sujet est due au contenu en vérité. Car en se dissociant dans l'œuvre, elles décident de son immortalité. En ce sens, l'histoire des œuvres d'art prépare leur critique, et c'est pourquoi la distance historique accroît leur pouvoir. Si, pour utiliser une comparaison, on envisage l'œuvre qui grandit comme un bûcher funéraire, son commentateur peut être comparé au chimiste, son critique à un alchimiste. Tandis que le premier, comme objets à analyser, ne trouve que bois et cendres, le dernier est intéressé uniquement à l'énigme de la flamme : à l'énigme du vivant. Ainsi le critique interroge la vérité dont la flamme vivante continue de brûler au-dessus des lourdes bûches du passé et des cendres légères de la vie d'autrefois[II]."

Le critique comme alchimiste pratiquant l'art mystérieux de transmuer les éléments fugitifs du réel en l'or brillant et durable de la vérité, ou plutôt observant et interprétant le processus historique qui amène une telle transfiguration magique – quoi que nous puissions penser de cette image, elle ne correspond guère à l'idée que nous avons habituellement en tête lorsque nous classons un écrivain comme critique littéraire.

Cependant, un autre élément, moins objectif que le simple fait d'être inclassable, est impliqué dans la vie de ceux qui "ont remporté la victoire dans la mort" : la malchance, et ce facteur, très manifeste dans la vie de Benjamin, ne peut être ici passé sous silence. Car cet homme qui n'a sans doute jamais songé à une gloire posthume, eut de sa malchance une conscience extraordinairement nette. Dans ses écrits, mais aussi dans ses propos, il lui arrivait d'évoquer le "petit bossu[1]", le "*Bucklicht Männlein*", figure légendaire allemande

1. Cf. "Franz Kafka" in *Œuvres*, II, Galllimard, 2000, p. 445.

empruntée à *Des Knaben Wunderhorn*, célèbre recueil de la poésie populaire allemande.

Will ich in mein' Keller gehn,
Will mein Weinlein zapfen :
Steht ein bucklicht Männlein da,
Tät mir'n, Krug wegschnappen.

Will ich in mein Küchel gehn,
Will mein Süpplein kochen ;
Steht ein bucklicht Männlein da ;
Hat mein Töpflein brochen.

(Je veux aller dans ma cave
Pour tirer mon petit vin ;
Il y a un petit bossu,
M'a attrapé ma cruche.

Je veux aller dans ma cuisine
Faire bouillir ma petite soupe ;
Il y a un petit bossu,
M'a cassé mon petit pot.)

Le bossu était une vieille connaissance de Benjamin. Celui-ci l'avait rencontré dès son enfance, en trouvant le poème dans un livre pour enfants, et il ne l'oublia jamais. Une seule fois pourtant (à la fin de *Une enfance berlinoise dans les années 1900*), s'efforçant, dans une anticipation de sa mort, de saisir sa “vie entière” comme on raconte qu’“on la revoit au moment de mourir” – il a révélé clairement l’identité de ce “bossu” qui devait l’accompagner toute sa vie, jusqu’à la mort, et devant lequel il s’était mis à trembler si tôt. Sa mère, comme des millions d’autres mères en Allemagne, avait l’habitude de dire : “Avec les compliments de monsieur Maladroit[1]” chaque fois que survenait l’une des innombrables petites catastrophes de l’enfance. Et l’enfant savait bien sûr de quoi il s’agissait avec cet étrange “maladroit”. La mère voulait parler du “petit bossu” qui fait que les objets jouent leurs mauvais tours aux enfants ; quand vous tombiez, c’était lui qui avait fait trébucher, lui quand vous cassiez quelque chose, qui vous l’avait fait tomber des mains. Plus tard, l’adulte comprit ce que l’enfant ignorait encore : ce n’était pas lui qui avait contrarié le “petit bossu” en le regardant comme le garçon qui veut apprendre à avoir peur – mais c’était le bossu qui l’avait regardé, et la maladresse était en réalité malchance. Car “celui que le petit homme regarde ne fait pas attention ; ni à lui-même, ni au petit homme. Il se tient effaré devant un monceau de débris” (*Schriften*, I, 650-652).

1. “Ungeschikt lässt grüssen”.

Grâce à la récente publication de ses *Lettres*[III], l'histoire de la vie de Benjamin peut maintenant être esquissée dans ses grandes lignes et l'on est tenté, assurément, de la raconter, en ce sens, comme un successif "entassement de débris" puisqu'il ne fait guère de doute que sa vie lui est apparue sous cet angle. Mais ce qui importe est qu'il connaissait parfaitement ce jeu, ce lieu mystérieux où faiblesse et génie coïncident, qu'il diagnostiqua avec tant de maîtrise chez Proust. Car c'était aussi de lui-même qu'il parlait, bien sûr, quand il citait, en tout accord, cette phrase de Jacques Rivière au sujet de Proust : il "est mort de la même inexpérience qui lui a permis d'écrire son œuvre. (...) Il est mort de ne pas savoir comment on allume un feu, comment on ouvre une fenêtre" ("L'image proustienne[1]"). Comme Proust il était totalement incapable de changer "des conditions de vie qui pour lui avaient été destructrices". Avec une assurance de somnambule, sa maladresse le conduisit toujours en un foyer de malchance actuel ou futur. Par exemple au cours de l'hiver 1939-1940, le danger de bombardement lui fit décider de quitter Paris pour un endroit plus sûr. Or aucune bombe ne fut jamais lâchée sur Paris, mais Meaux, où alla Benjamin, était un centre militaire, et probable-

1. *Œuvres*, II, *op. cit.*, p. 152.

ment l'un des très rares endroits de France à être sérieusement menacés durant ces mois de la drôle de guerre. Mais, comme Proust, il avait toute raison de bénir la malédiction, et de redire l'étrange prière de la fin du poème populaire qui conclut ses souvenirs d'enfance :

Liebes Kindlein, ach, ich bitt,
Bet fürs bucklicht Männlein mit.

(Ô cher enfant, je t'en prie,
Prie aussi pour le petit bossu.)

Rétrospectivement, le filet inextricable tissé de mérite, de grands dons, de maladresse et de malchance dans lequel sa vie fut prise[1], est déjà visible même dans la première chance pure qui ouvrit à Benjamin sa carrière d'écrivain. Par l'intermédiaire d'un ami, il avait pu placer les *Affinités électives* de Goethe[IV] dans les *Neue Deutsche Beiträge* (1924-1925) de Hofmannsthal. Cette étude, chef-d'œuvre de la prose allemande, et qui garde une envergure unique dans le champ général de la critique littéraire allemande et le champ spécialisé de l'érudition goethéenne, avait déjà été refusée plusieurs fois,

1. Pour une réflexion (nullement autobiographique) sur ce sujet, cf. "Destin et caractère", in *Œuvres*, 1, Galllimard, 2000, p. 198-209.

et l'approbation enthousiaste de Hofmannsthal vint à un moment où Benjamin désespérait déjà de "trouver preneur" (*Briefe*, I, 300). Mais une malchance décisive, jamais complètement comprise, semble-t-il, se trouva liée à cette chance dans ce contexte d'un lien nécessaire. La seule sécurité matérielle, qu'aurait pu amener cette première percée publique était l'*Habilitation*, première étape de la carrière universitaire à laquelle Benjamin se destinait alors. Sans doute cela ne lui aurait pas permis de gagner sa vie – un "*Privat-dozent*" ne percevait aucun traitement – mais cela aurait probablement incité son père à l'assister en attendant l'octroi d'une chaire professorale, puisque c'était un usage courant en ce temps-là. Il est maintenant difficile de comprendre comment lui-même et ses amis ne se sont pas doutés qu'une *Habilitation* sous un professeur d'université banal était vouée à la catastrophe[V]. Quand les messieurs en question ont expliqué plus tard qu'ils ne comprenaient pas un traître mot à l'étude sur *L'Origine de la tragédie allemande*[VI] que Benjamin avait présentée, on peut certainement les en croire. Comment auraient-ils pu comprendre un auteur dont la plus grande fierté était que "le texte est fait presque entièrement de citations" – "la plus folle technique de mosaïque imaginable" – et qui accordait la plus grande importance "aux six phrases qu'il avait mises en exergue". "Personne (...) n'en pourrait rassembler de plus rares et de plus précieuses ?" (*Briefe*, I, 366). Il faisait penser à un maître qui aurait façonné un objet unique, pour le mettre en vente au plus proche marché ! Vraiment, point n'était besoin, pour s'expliquer l'échec, d'attribuer un rôle à l'antisémitisme, à une malveillance à l'égard d'un intrus (Benjamin avait passé ses examens en Suisse pendant la guerre et n'était le disciple de personne) ou à la suspicion universitaire d'usage à l'égard de toute chose dont la médiocrité n'est pas garantie. Aujourd'hui encore, si je ne m'abuse, ce travail de Benjamin n'a été discuté dans aucune revue spécialisée d'Allemagne.

Cependant, et c'est ici que la maladresse et la malchance entrent en jeu – dans l'Allemagne de l'époque il y avait un autre moyen ; or ce fut précisément son essai sur Goethe qui gâta la seule possibilité que Benjamin avait de faire une carrière universitaire. Comme souvent les écrits de Benjamin, cette étude était animée d'une intention polémique. L'attaque ici visait le livre de Friedrich Gundolf sur Goethe, et la critique de Benjamin était sans appel. Or, Benjamin aurait pu espérer être mieux compris de Gundolf et des autres membres du cercle groupé autour de Stephan George, dont le monde intellectuel lui avait été tout à fait familier dans sa jeunesse, que des “gens en place”, et il est probable qu’il n’aurait pas eu besoin d’être membre du “cercle” pour obtenir son “habilitation” sous la direction de l’un de ces hommes, au moment où certains commençaient à se faire une place assez confortable dans le monde universitaire. La chose à ne pas faire était bien de lancer contre le plus éminent et le plus puissant des représentants du cercle auprès de l’Université une attaque si violente que personne ne pouvait plus ignorer, comme il l’expliqua après coup, qu’il avait “tout aussi peu à faire avec l’institution universitaire (...) qu’avec les monuments qu’ont édifiés un Gundolf ou un Bertram” (*Briefe*, II, 523). C’était bien vrai. Mais sa maladresse ou sa malchance était de le proclamer à la face du monde *avant* d’être “habilité” par l’Université.

Pourtant on ne peut certainement pas dire qu’il négligeait consciemment la précaution. Au contraire, il savait que le “démon de la malchance” le guettait et je ne connais pas d’homme qui ait pris davantage de précautions. Mais tout son système de protection, y compris la “courtoisie chinoise” mentionnée par Scholem[1], ne manqua jamais, d’une manière remarquable et mystérieuse, de méconnaître le vrai danger. Tout comme au début de la guerre

1. Yearbook of the Leo Baeck Institute, 1965, p. 117.

il fuit la sécurité parisienne pour les périls de Meaux – autant dire, pour le front – son essai sur Goethe suscite en lui l'inquiétude totalement superflue de voir Hofmannsthal prendre en mauvaise part une remarque critique très prudente au sujet de Rudolf Borchardt, l'un des principaux collaborateurs de sa revue. Mais il n'attendit que de bonnes choses d'avoir trouvé pour son "attaque contre l'idéologie de l'école de George (...) l'unique endroit où ils auraient du mal à ignorer l'invective" (*Briefe*, I, 341). Ils n'eurent aucun mal. Car il n'y eut jamais homme plus isolé que Benjamin. Même l'autorité d'Hofmannsthal – "le nouveau patron", comme Benjamin l'appelait dans son bonheur du début (*Briefe*, I, 327), n'y put rien changer. Sa voix n'importait guère comparée au pouvoir très réel de l'école de George, groupe d'influence où, comme dans toutes les formations de ce genre, comptait seulement l'allégeance idéologique, puisque seule l'idéologie, et non le niveau et la qualité, font la cohésion d'un groupe. Bien qu'ils feignissent d'être au-dessus de la politique, les disciples de George étaient tout aussi familiers des bases de la politique littéraire que les professeurs des bases de la politique universitaire, ou les tâcherons et journalistes du "B.A.BA" du "un bon tour en appelle un autre".

Mais Benjamin ne s'y entendait en rien. Jamais il n'a su s'y prendre en ces choses, jamais il n'a su se mouvoir parmi ces gens, même pas quand "les obstacles de la vie extérieure qui parfois arrivent de partout, comme des loups" (*Briefe*, 1, 298), lui eurent inculqué quelque connaissance de la manière dont le monde tourne. Son engagement pour le marxisme, qui faillit l'amener, au milieu des années vingt, à rejoindre le parti communiste, ne fut certainement pas sans rapport avec cette prise de conscience ; et il n'est pas moins sûr que ses quelques succès, "victoires de détail" auxquelles correspondirent toujours "des défaites d'ensemble" furent dues à cet engagement. Certes, il n'y eut pas là de quoi justifier son espoir d'être reconnu comme le "seul véritable critique de la littérature allemande" (comme pensait Scholem dans l'une des rares lettres publiées de sa très belle correspondance avec son ami [1]). Mais son engagement lui permit du

1. Il semble que la correspondance entre Benjamin et Scholem ait été intégralement conservée. Scholem est naturellement en possession des lettres de Benjamin, et les lettres de Scholem doivent se trouver dans les Archives de Potsdam. Une publication séparée complète de cette correspondance qui s'est poursuivie sans interruption sur plus de trois décennies serait extrêmement souhaitable, car elle fait vraiment partie, à en juger d'après les lettres publiées, des très rares témoignages dans la littérature d'une réelle amitié

moins de collaborer à la *Frankfürter Zeitung*, dont la page littéraire était alors orientée à gauche, et au *Literarische Welt*, et surtout, naturellement, fut à l'origine de son amitié avec Brecht, et de son rapport avec l'Institut pour les Sciences sociales qui devint finalement déterminant au point de vue matériel.) Cependant même là où il avait tant investi spirituellement et humainement, il s'avéra vite qu'il ne pouvait contenter personne. Non qu'il se produisit quelque chose quand il regimbait et transgressait consciemment les règles du clan – par exemple en prenant résolument position en faveur de Max Kommerell, l'“adversaire”, mort prématurément, issu du Cercle George, qui est resté en Allemagne l'unique auteur comparable à Benjamin pour “la précision et la hardiesse du regard[1]”.

entre deux hommes. [Une partie de cette correspondance a été publiée depuis dans : Gershom Sholem, *Walter Benjamin, histoire d'une amitié*, Paris, Hachette, Pluriel, 2001, ainsi que dans les deux volumes de la *Correspondance* de Benjamin (cf note 3, p. 113). (N.d.E.)].

1. L'incorruptibilité du jugement de Benjamin, l'indépendance finalement intangible de sa personne, comportent de multiples preuves. Nulle part elles ne se démontrent d'une manière plus convaincante et plus impressionnante que dans l'éloge d'un auteur dont le séparent décisivement non seulement son espèce de fascisme aristocratique, mais, dans ses premières œuvres, les seules qu'il connaissait, un style souvent emphatique qui devait aller absolument à l'en-

Cet écart ne lui a aucunement porté ombrage, et les deux comptes rendus des livres de Kommerell ont été repris dans la première édition posthume des *Écrits* de Benjamin, où faisaient pourtant défaut son grand essai sur le Surréalisme ainsi que son premier travail sur Baudelaire. Mais s'il voulait faire comme il fallait pour s'assurer de quelque manière un sol quelconque, alors les choses ne manquaient pas de tourner mal.

Une étude majeure sur "Goethe dans la perspective marxiste" – au milieu des années vingt, il était très près de rejoindre le parti communiste – ne fut jamais imprimée, ni dans la Grande Encyclopédie russe, à laquelle elle était destinée, ni dans l'Allemagne d'aujourd'hui. Klaus Mann, qui avait commandé un compte rendu du *Roman de Quatre sous* de Brecht pour sa revue *Die Sammlung*, retourna le manuscrit parce que Benjamin avait demandé 250 francs français – alors environ 10 dollars – alors qu'il voulait seulement en payer 150. Son commentaire sur

contre de son goût. Tomber sur le dos de l'ami ("qui n'a jamais repéré chez son frère l'endroit du coup de poignard, / combien pauvre est sa vie et combien mince sa pensée, comme disait George"), c'était parfaitement dans l'esprit de l'époque ; mais honorer l'adversaire, voilà qui, en Allemagne, où il n'y a jamais eu, entre les intellectuels, cette solidarité qu'engendre par exemple en France le passage par l'École normale supérieure, était à peu près inconnu.

les poésies de Brecht ne parut pas de son vivant[1]. Et les difficultés les plus sérieuses se produisirent finalement avec l'Institut de Recherche sociale ; celui-ci à l'origine (et de nouveau maintenant) partie de l'université de Francfort, avait émigré en Amérique et Benjamin en dépendait financièrement. Les esprits qui se trouvaient à sa tête, Theodor W. Adorno et Max Horkheimer, étaient des "Matérialistes dialectiques" et dans leur opinion la pensée de Benjamin était "adialectique", se mouvait "dans des catégories matérialistes qui ne coïncidaient aucunement avec les catégories marxistes", "manquait de médiations", dans la mesure où, dans un essai sur Baudelaire, il avait rapporté "certains éléments frappants à l'intérieur de la superstructure... directement, peut-être même causalement, à des éléments correspondants de l'infrastructure". Le résultat fut que l'essai original de Benjamin, "Le Paris du Second Empire dans les Œuvres de Baudelaire", ne fut pas imprimé, ni à l'époque dans le magazine de l'Institut, ni dans l'édition posthume en deux volumes de ses *Écrits*. (Deux parties en ont maintenant été publiées : "Der Flâneur" dans *Die Neue Rundschau*, décembre 1967, et "Die Moderne" dans *Das Argument*, mars 1968).

1. Trad. in *Œuvres*, III, Gallimard, 2000, p. 226-268.

Benjamin fut probablement le marxiste le plus singulier jamais produit par ce mouvement, qui a eu pourtant – ô combien ! – son lot de farfelus. L'aspect théorique qui devait le fasciner était la doctrine de la superstructure qui, si elle n'avait jamais été que brièvement esquissée par Marx, jouait alors un rôle disproportionné dans le mouvement, au moment où le rejoignait un nombre disproportionné d'intellectuels, donc de gens que concernait seulement la superstructure. Benjamin ne fit usage de cette doctrine que comme d'un stimulus heuristico-méthodologique et ne se préoccupa guère de son arrière-plan historique ou philosophique. Ce qui le fascinait là était que l'esprit et sa manifestation matérielle fussent liés au point d'inviter à découvrir partout des *correspondances** au sens de Baudelaire, leur capacité à s'illuminer réciproquement lorsqu'on les mettait dans le rapport convenable, et à vouer à une inutilité manifeste tout commentaire explicatif ou interprétatif. L'intérêt de Benjamin allait à l'affinité qu'il pouvait percevoir entre une scène dans la rue, une spéculation en bourse, un poème, une pensée ; au fil caché qui les reliait et permettait à l'historien ou au philologue de reconnaître qu'il fallait les rattacher à la même période. Quand Adorno critiquait "sa représentation étonnante de la facticité" (*Briefe*, II, 793), il disait bien ce dont il s'agissait – ce que Benjamin faisait et voulait faire. Fortement influencé par le Surréalisme, Benjamin tentait "de saisir la figure de l'histoire en fixant les aspects les plus inapparents de l'existence, ses déchets pour ainsi dire" (*Briefe*, II, 685). Benjamin avait une passion pour les petites choses, et même pour les choses minuscules ; Scholem nous fait part de son ambition de faire tenir cent lignes sur une page de carnet normale et de son admiration face à deux grains de blé du département juif du musée de Cluny "sur lesquels une âme fraternelle avait gravé en entier le *Shema Israël*[1]". Pour lui la grandeur d'un objet était inversement proportionnelle à sa signification. Et cette passion, loin d'être une lubie, dérivait directement de la seule vision du monde dont l'influence ait été sur lui décisive, la foi gœthéenne en l'existence effective d'un *Urphänomen*, d'un phénomène archétypique, chose concrète trouvable dans le monde visible où la "signification" (*Bedeutung*, le plus goethéen des mots, revient sans cesse dans les écrits de Benjamin) et l'apparence, le mot et la chose, l'idée et l'expérience coïncideraient. Plus l'objet était petit, plus il semblait susceptible de contenir, sous la forme la plus concentrée, tout le reste ; d'où le bonheur de Benjamin à constater

1. *Op. cit.*

que deux grains de blé pussent contenir tout le *Shema Israël*, essence même du judaïsme, la plus minuscule essence apparaissant sur la chose la plus minuscule, origines, chacune, d'un développement dont nul produit, quant à sa signification, ne peut leur être comparé. En d'autres termes, ce qui fascina profondément Benjamin depuis le début ne fut jamais une idée, ce fut toujours un phénomène. "En tout ce que l'on appelle beau avec raison, c'est le paraître qui fait l'effet d'un paradoxe" (*Schriften*, I, 349), et ce paradoxe – ou, plus simplement : la merveille de l'apparition – fut toujours au centre de tout son travail.

À quel point les travaux de Benjamin s'éloignèrent du marxisme et du matérialisme dialectique, c'est ce qu'atteste la figure qui devint centrale en eux, celle du *Flâneur* [1]. Au flâneur, qui erre sans but au milieu des foules des grandes villes, dans une attitude fortement opposée à leur affairement utilitaire, les choses se révèlent dans leur signification secrète : "L'image vraie du passé est fugitive" (*Philosophie de l'histoire*), et le flâneur, seul, reçoit le message dans son errance nonchalante. Avec beaucoup

1. On trouve la description classique du *Flâneur* dans le célèbre essai de Baudelaire sur Constantin Guys "Le Peintre de la vie moderne", Éd. Pléiade, p. 877-883. Benjamin y renvoie souvent indirectement, cf. par ex. "Sur quelques thèmes baudelairiens" in *Œuvres*, III, *op. cit.*, p. 329-390.

d'acuité, Adorno a souligné l'élément statique chez Benjamin : "On ne comprend correctement Benjamin que si l'on pressent derrière chacune de ses phrases la conversion d'une agitation extrême en quelque chose de statique, en fait la représentation statique du mouvement lui-même" (*Schriften*, I, XIX). Naturellement, rien ne pouvait être plus "adialectique" que cette attitude dans laquelle l'"ange de l'histoire" (dans la neuvième des *Thèses sur la philosophie de l'histoire*[1]) ne progresse pas dialectiquement vers l'avenir, mais a le visage "tourné vers le passé". "Où *nous* apparaît une succession d'événements, *lui* voit une unique catastrophe, qui ne cesse d'entasser décombres sur décombres et les jette à ses pieds. L'ange voudrait bien s'attarder, réveiller les morts et rassembler ce qui a été mis en pièces." (Ce qui signifierait sans doute la fin de l'histoire.) "Mais une tempête souffle du paradis" et "le pousse irrésistiblement dans l'avenir auquel il tourne le dos, tandis que le tas de décombres devant lui s'élève jusqu'au ciel. Ce que nous appelons le progrès est *cette* tempête". Dans cet ange, que Benjamin voyait dans l'*Angelus Novus* de Klee, le *flâneur* vit son ultime transfiguration. Car, de même que le *flâneur*, par ce *geste* que constitue

1. *Œuvres*, III, *op. cit.*, p. 434.

sa flânerie sans but, tourne le dos à la foule lors même qu'il est poussé et entraîné par elle, de même l'"ange de l'histoire" qui considère seulement le champ de décombres du passé, est projeté dans l'avenir par le souffle derrière lui de la tempête du progrès. Qu'à un tel regard ait pu se présenter un processus univoque, dialectiquement intelligible et rationnellement explicable, il ne peut en être question.

Il devrait sembler non moins évident qu'une telle pensée ne visait ni ne pouvait jamais parvenir à des énoncés apodictiques, de valeur générale, mais que ceux-ci étaient remplacés, comme le remarque Adorno dans une intention critique, "par des énoncés métaphoriques" (*Briefe*, II, 785). Intéressé comme il l'était par des faits concrets, directement et réellement montrables, par des événements et occurrences singuliers dont la "signification" est manifeste, Benjamin n'attachait guère d'importance aux théories ou aux "idées" qui ne prenaient pas immédiatement la forme extérieure la plus précise qu'on pût imaginer. Pour ce mode de pensée très complexe mais toujours hautement réaliste, la relation marxiste entre superstructure et infrastructure devenait, en un sens précis, une relation métaphorique. Si, par exemple – et celui-ci ne serait certainement pas infidèle à l'esprit de Benjamin – le concept abstrait de *Vernunft* (raison) est reconduit à son origine dans le verbe *vernehmen* (percevoir, entendre), on peut penser qu'un mot de la sphère de la superstructure a été restitué à son infrastructure sensible, ou, à l'inverse, qu'un concept a été transformé en une métaphore – à supposer que "métaphore" soit entendu au sens originel, non allégorique de *metapherein* (transporter). Car une métaphore établit un lien qui est perçu de manière sensible dans son immédiateté et n'appelle aucune interprétation, tandis qu'une allégorie procède toujours d'une notion abstraite et invente ensuite quelque chose de tangible qui permet de se la représenter en quelque sorte à volonté. L'allégorie doit être préalablement expliquée pour pouvoir prendre un sens, il faut trouver une solution à l'énigme qu'elle présente, de sorte que l'interprétation souvent laborieuse des figures allégoriques fait malheureusement toujours songer à la solution d'une devinette, même si cela ne demande pas plus d'ingéniosité que dans le cas de la représentation allégorique de la mort par un squelette. Depuis Homère, la métaphore est, dans le poétique, l'élément proprement transmetteur de connaissance ; par son emploi s'établissent les *correspondances** entre les choses physiquement les plus lointaines – ainsi, ce passage de l'*Iliade* où au déchaînement de peur et de douleur dans le cœur des Achéens répond le déchaînement conjugué des vents du nord et de l'ouest sur les eaux sombres (*Iliade*, IX, 1-8) ; ou cet autre où à l'ébranlement de l'armée vers le combat, en vagues pressées, répond le mouvement des lames de la mer qui, poussées par le vent, se soulèvent d'abord au large, roulent vers le rivage en vagues pressées, puis s'en viennent briser sur la terre dans un fracas de tonnerre (*Iliade*, IV, 422-428). Les métaphores en ce sens mettent poétiquement en œuvre l'unité du monde. Ce qui est si difficile à comprendre au sujet de Benjamin est que, sans être poète, il *pensait poétiquement* et, par conséquent, était tenu de considérer la métaphore comme le plus grand don du langage. Le "transfert" dans la langue nous permet de rendre sensible l'invisible – "Une puissante forteresse est notre Dieu" – et ainsi d'en rendre possible une expérience. Il pouvait sans difficulté concevoir la théorie de la superstructure comme la doctrine définitive de la pensée métaphorique – pour la bonne raison, précisément, qu'il rapportait la superstructure sans beaucoup de façons, et en renonçant à toutes les médiations, directement à l'infrastructure prétendument "matérielle", c'est-à-dire, pour lui, donnée de *manière sensible*. Il était manifestement fasciné par la chose même que les autres flétrissaient comme "marxisme vulgaire" ou "pensée adialectique".

Il semble plausible que Benjamin, dont l'existence spirituelle avait été formée par Goethe, poète et non philosophe, et dont l'intérêt était presque exclusivement éveillé par des poètes et des romanciers, bien qu'il eût étudié la philosophie, ait dû trouver plus facile de communiquer avec des poètes qu'avec des théoriciens, de l'espèce dialectique ou de l'espèce métaphysique. Et il n'y a pas de doute que son amitié avec Brecht – unique en cela qu'elle signifiait la rencontre du plus grand poète allemand vivant avec le plus important critique de l'époque, fait dont ils étaient tous deux pleinement conscients – fut la seconde chance incomparablement plus importante que la première de la vie de Benjamin. Elle eut rapidement les conséquences les plus fâcheuses : elle opposa les quelques amis qu'avait Benjamin, menaça ses rapports avec l'Institut de Recherche sociale, envers les "suggestions" duquel il avait toutes raisons d'être docile (*Briefe*, II, 683), et la seule raison pour laquelle elle ne lui coûta pas l'amitié de Scholem fut la loyauté immuable de Scholem et son admirable générosité en tout ce qui concernait son ami. À la fois Adorno et Scholem condamnèrent l'"influence désastreuse[1]" (Scholem) de

1. Tous deux ont confirmé cette condamnation, Scholem dans sa *Leo Baeck Memorial Lecture* (1965), où il expliquait :

Brecht : Adorno parce qu'il lui imputait l'utilisation nettement adialectique par Benjamin de catégories marxistes, Scholem parce qu'il y discernait le risque d'une rupture déterminée avec la métaphysique et le judaïsme [1]. Et le "malheur" fut que Benjamin, parfaitement enclin d'ordinaire à des compromis, surtout s'ils n'étaient pas

"Je suis enclin à considérer comme néfaste, et à certains égards désastreuse, l'influence de Brecht sur la production de Benjamin dans les années trente", et Adorno dans une communication personnelle à son disciple Rolf Tiedemann, selon laquelle Benjamin lui aurait avoué avoir écrit son essai sur "L'Œuvre d'art" pour surpasser en radicalisme Brecht, dont il avait peur. (Cité par Tiedemann, *Studien zur Philosophie Walter Benjamins*, Europäische Verlagsanstalt, Francfort, 1965, p. 89.) Que Benjamin ait dit avoir peur de Brecht n'est guère vraisemblable, et d'ailleurs ne semble pas avoir été affirmé par Adorno ; mais en ce qui concerne le reste de la remarque, il n'est malheureusement que trop vraisemblable qu'elle ait été faite par Benjamin parce que celui-ci avait peur de la critique d'Adorno. Car il était d'une grande timidité dans ses rapports avec des hommes qu'il n'avait pas connus depuis sa jeunesse, mais il n'a jamais eu peur que de ceux dont il était dépendant. Une telle dépendance vis-à-vis de Brecht n'aurait existé que s'il avait suivi son incitation à quitter Paris pour venir s'installer au Danemark, pays beaucoup moins cher, dans le voisinage immédiat de Brecht. Mais chez Benjamin, la suite l'a montré, l'idée d'une "dépendance" aussi exclusive "vis-à-vis d'une seule personne" dans un pays étranger de "langue totalement inconnue" suscitait de fortes réserves. (cf. *Briefe*, II, 596, 599.)

1. Cf. la critique de la *profondeur* dans les *Essais sur Bertolt Brecht*, Paris, Maspero, 1969, p. 135 : "Il faut la laisser de côté. Ce n'est pas avec la profondeur que l'on arrive à quelque chose." (C'est Brecht qui parle.)

nécessaires, sut et maintint que son amitié avec Brecht constituait une limite absolue non seulement à sa docilité mais aussi à sa diplomatie, car “mon accord avec la production de Brecht représente l’un des points les plus importants et les plus stratégiques de toute ma position” (*Briefe*, II, 594). En Brecht, il trouvait un poète doué de rares pouvoirs intellectuels et, ce qui était presque aussi important pour lui à cette époque, un homme de gauche qui, malgré tout le bavardage sur la dialectique, n’était pas plus un penseur dialectique que lui, mais dont l’intelligence était singulièrement proche de la réalité. Avec Brecht, il pouvait pratiquer ce que Brecht lui-même appelait la “pensée massive” (*das plumpe Denken*) : “La chose capitale est d’apprendre à penser massivement. La pensée massive, c’est la pensée du grand”, disait Brecht, et Benjamin ajoute en guise d’explication : “Il y a beaucoup de gens pour qui un dialecticien est un amateur de subtilités (...) Mais les pensées massives font partie intégrante de la pensée dialectique, parce qu’elles ne représentent rien d’autre que l’assignation de la théorie à la praxis (...). Une pensée doit être massive pour entrer en possession de son bien dans l’action[1].” Seulement, ce qui attirait ainsi Benjamin dans la pensée massive

1. *Essais sur Bertolt Brecht*, p. 102 sq.

était probablement moins son rapport à la praxis qu'à la réalité, et pour lui cette réalité se manifestait le plus directement dans les proverbes et les locutions du langage courant. "Le proverbe est une école de pensée massive", écrit-il dans le même contexte ; et l'art de prendre au mot les expressions proverbiales et idiomatiques a donné à Benjamin – comme à Kafka, chez qui les locutions toutes faites sont souvent clairement discernables comme source d'inspiration et livrent la clé de bien des "énigmes" – la capacité d'écrire une prose d'une proximité à la réalité si singulièrement enchanteresse et enchantée.

En quelque moment que l'on envisage la vie de Benjamin, on retrouve le petit bossu. Longtemps avant l'irruption du Troisième Reich, il jouait ses mauvais tours, amenant les éditeurs qui avaient promis à Benjamin un traitement annuel de lecteur ou de directeur de revue à faire faillite avant le paiement de la première note de lecture ou la parution du premier numéro. Plus tard, le bossu permit que soit imprimé un recueil de lettres allemandes magnifiques, fait avec un soin infini et assorti des plus merveilleux commentaires – sous le titre *Deutsche Menschen* et portant l'épigraphe suivante : "*Von Ehre ohne Ruhm / Von Grösse ohne Glanz : Von Würde ohne Sold*" (De l'Honneur sans Gloire / De la Grandeur sans Éclat / De la Dignité sans Solde), mais en veillant à ce que celui-ci finisse dans la cave de l'éditeur suisse, entre-temps mis en faillite, alors qu'avait été prévue sa diffusion en Allemagne en 1936 sous le pseudonyme de Detlef Holz ; et c'est dans cette cave que cette édition fut retrouvée au moment précis où une nouvelle édition avait été imprimée en Allemagne (1962). Sans doute fut-ce aussi la faute du petit bossu si les rares occasions qui auraient dû signifier la chance prenaient souvent d'elles-mêmes au départ un tour déplaisant. Un exemple en est la traduction d'*Anabase* d'Alexis Saint-Léger Léger (Saint-John Perse) que Benjamin entreprit parce qu'elle lui avait été procurée, comme la traduction de Proust, par Hofmannsthal, bien qu'il pensât lui-même que “la chose était de peu d'importance” (*Briefe*, I, 381). La traduction ne parut pas en Allemagne avant la fin de la guerre, mais Benjamin lui fut redevable de sa relation avec Léger qui, en tant que diplomate, put intervenir auprès du gouvernement français et le persuader d'épargner à Benjamin un second internement en France pendant la guerre – privilège dont bénéficièrent bien peu d'autres réfugiés. Et après les mauvais tours vinrent “les tas de décombres”, dont le dernier avant la catastrophe à la frontière espagnole fut la menace appréhendée depuis 1938 d'une rupture de ses relations avec l'Institute for Social Research de New York, seul "soutien matériel et moral" de son existence parisienne (*Briefe*, II, 810) : "Les circonstances mêmes qui menacent si grandement ma situation européenne rendront probablement impossible mon émigration aux U.S.A.", écrivait-il en avril 1939 (*Briefe*, II, 810), alors qu'il était encore sous le "choc" de la lettre d'Adorno refusant la première version de son travail sur Baudelaire en novembre 1938 (*Briefe*, II, 790).

Scholem a certainement raison quand il dit qu'à côté de Proust, parmi les auteurs contemporains, c'est Kafka dont Benjamin se sentait le plus proche, et il n'y a pas de doute que c'est au "champ de décombres" et de catastrophes de sa propre œuvre qu'il songeait lorsqu'il écrivait que "la compréhension de la production [de Kafka] dépend, entre autres, de cette simple chose : que l'on reconnaisse qu'il a échoué" (*Briefe*, II, 614). De Benjamin aussi l'on pourrait dire ce que lui-même a dit de Kafka avec une si unique justesse : "Les circonstances de cet échec sont diverses. On serait tenté de dire : dès lors qu'il était certain de l'insuccès final, tout marchait pour lui chemin faisant comme en rêve" (*Briefe*, II, 764). Il n'avait pas besoin de lire Kafka pour penser comme Kafka. Alors qu'il ne connaissait encore de lui que "Le Chauffeur", il avait déjà cité le mot de Goethe sur l'espoir dans un passage capital de son essai sur les *Affinités électives* : "L'espoir, comme une étoile qui tombe du ciel, passa sur leurs têtes." Et la phrase sur laquelle il conclut a une résonance tout à fait kafkaïenne : "C'est seulement pour les désespérés que l'espoir nous a été donné[1]."

Le 26 septembre 1940, Walter Benjamin, qui était sur le point d'émigrer en Amérique, se donna la mort à la frontière franco-espagnole. Ses raisons étaient diverses : la Gestapo avait confisqué son appartement parisien avec sa bibliothèque (il avait pu sauver d'Allemagne "la partie la plus importante") et une bonne partie de ses manuscrits, et il avait motif à s'inquiéter aussi des manuscrits qu'il avait pu, avant de fuir Paris pour Lourdes, en zone non-occupée, entreposer à la Bibliothèque nationale, par l'intermédiaire de Georges Bataille[2]. Comment allait-il, lui, vivre sans bibliothèque, et comment subsister sans son considérable recueil de citations et d'extraits ? En outre, rien ne l'attirait en

1. *Œuvres*, I, *op. cit.*, p. 395.
2. Le matériel saisi à Paris par la Gestapo n'a pas été détruit, mais transporté avec d'autres stocks en grande Silésie. Cette partie du *Nachlass* se trouve au "Deutschen Zentralarchiv" à Potsdam (R.D.A.) et est "accessible à la recherche scientifique" (cf. Rosemarie Heise, "Der Benjamin-Nachlas in Potsdam", in *Alternative*, Zeitschrift für Literatur und Diskussion, Berlin, oct.-déc. 1967).

Amérique, où, lui arrivait-il de dire, l'on ne pourrait sans doute rien faire d'autre de lui que le trimbaler à travers le pays et l'exhiber comme le "dernier Européen".

Mais l'occasion de son suicide fut un singulier coup de malchance. Du fait de l'accord d'armistice entre la France de Vichy et le Troisième Reich, les gens qui avaient fui l'Allemagne de Hitler – *les réfugiés provenant d'Allemagne**, comme on les appelait officiellement en France – se trouvaient menacés d'être réexpédiés en Allemagne, à supposer, semble-t-il, qu'il s'agît d'opposants politiques. Dans le but de sauver cette catégorie de réfugiés – qui, remarquons-le, ne comprit jamais la masse apolitique de Juifs qui se révéla plus tard courir les plus grands dangers – les États-Unis avaient fait distribuer une quantité de visas d'urgence par les consulats américains de la France non-occupée. Grâce aux efforts de l'Institut de New York, Benjamin compta parmi les premiers à obtenir ce visa à Marseille. Il obtint rapidement, aussi, un visa de transit espagnol qui devait lui permettre de gagner Lisbonne et y embarquer. Mais il lui manquait le visa de sortie français, encore exigé à l'époque, car le régime de Vichy, désireux d'être agréable à la Gestapo, avait pour principe, à ce moment, de le refuser aux réfugiés allemands. Cependant il n'en résultait pas, en général, de grandes difficultés : la route qui menait à Port-bou, à pied, par-delà la montagne, relativement courte et point trop pénible, était bien connue, et la police frontalière française ne la gardait pas. Mais pour Benjamin, qui était malade du cœur (*Briefe*, II, 841), cela devait signifier un grand effort, et il est sans doute arrivé dans un état de grave épuisement. Lorsque le petit groupe de réfugiés auquel il s'était joint atteignit la frontière espagnole, il se révéla soudain que les Espagnols avaient ce jour-là fermé la frontière et que les douaniers ne reconnaissaient pas les visas faits à Marseille. Les réfugiés devaient donc retourner en France le jour suivant par le même chemin. Benjamin se suicida durant la nuit, et ses compagnons furent alors autorisés par les gardes-frontière, quelque peu impressionnés, à gagner le Portugal. L'embargo sur les visas fut levé quelques semaines plus tard. Un jour plus tôt, Benjamin serait passé sans difficulté ; un jour plus tard, on aurait su à Marseille qu'il n'était pas possible à ce moment de passer en Espagne. C'est seulement ce jour-là que la catastrophe était possible.

II. LES SOMBRES TEMPS

> "Celui qui, vivant, ne vient pas à bout de la vie, a besoin d'une main pour écarter un peu le désespoir que lui cause son destin (...) mais de l'autre main, il peut écrire ce qu'il voit sous les décombres, car il voit autrement et plus de choses que les autres, n'est-il pas mort de son vivant, n'est-il pas l'authentique survivant ?"
>
> Franz Kafka,
> *Journal*, 19 octobre 1921 [1]

> "Un naufragé, qui dérive sur une épave, en grimpant à l'extrémité du mât, qui est déjà fendu. Mais il a une chance de donner de là-haut un signal de détresse."
>
> Walter Benjamin, lettre
> à Gershom Scholem du 17 avril 1931.

SOUVENT une époque marque le plus visiblement de son sceau l'homme qui a été le moins formé par elle, s'est tenu le plus éloigné d'elle et a par conséquent le plus souffert sous elle. Ainsi en alla-t-il avec Proust, avec Kafka et Karl

1. Trad. M. Robert, *Œuvres complètes*, t. VI, p. 406, Cercle du Livre précieux, Paris, 1964.

Kraus, ainsi en alla-t-il aussi avec Benjamin. Ses gestes et son port de tête, lorsqu'il écoutait et parlait, sa façon de se déplacer, ses manières, surtout sa manière de parler, jusqu'au choix des mots et à l'arrangement de la syntaxe, enfin le caractère éminemment idiosyncrasique de son goût – tout cela faisait un effet si désuet que Benjamin paraissait avoir été jeté du XIXe siècle dans le XXe siècle comme à la côte d'un pays étranger. S'est-il jamais senti chez lui dans l'Allemagne du XXe siècle ? On peut en douter. Quand en 1913, tout jeune, il vient pour la première fois en France, au bout de quelques jours, il se sent presque davantage "chez lui" dans les rues de Paris que dans les rues familières de Berlin. Peut-être a-t-il déjà éprouvé à ce moment le sentiment qui fut assurément le sien vingt ans plus tard : à quel point le voyage de Berlin à Paris équivalait à un voyage dans le temps – non à un voyage d'un pays à un autre, mais à un voyage du XXe au XIXe siècle. Là se trouvait *la nation par excellence** dont la culture détermine l'Europe du XIXe siècle et dont Haussmann avait bâti la capitale, Paris, "capitale du XIXe siècle", comme l'a appelé Benjamin par la suite. Ce Paris n'était certes pas encore cosmopolite, mais, au plus profond, européen, et pour cela s'était tout naturellement présenté comme une seconde patrie pour tous les sans-patrie depuis le milieu du siècle précédent. À cela, ni la xénophobie prononcée des habitants, ni les chicaneries raffinées de la police nationale à l'égard des ressortissants étrangers n'ont jamais pu changer quelque chose. Benjamin a su longtemps avant son émigration combien [il est] "extraordinairement rare de parvenir avec un Français à un contact susceptible de faire durer une conversation au-delà du premier quart d'heure" et sa noblesse innée lui interdit plus tard, quand il s'installa à Paris, de transformer en relations ses connaissances passagères – il connaissait surtout Gide – et de nouer de nouvelles relations. Werner Kraft, on le sait aujourd'hui, l'emmena d'abord voir Charles Du Bos, qui était alors une sorte de figure clé pour les émigrants allemands du fait de son "enthousiasme pour la poésie allemande". Werner Kraft avait les meilleures relations [1] – quelle ironie ! Pierre Missac a dit à ce propos, dans une recension étonnamment pénétrante des *Écrits*, des *Lettres* et de la littérature secondaire, combien Benjamin a dû souffrir de ne pas avoir trouvé en France l'"accueil" qui lui était dû [2]; c'est naturellement exact, mais on peut douter que cet accueil l'ait surpris.

1. Cf. "Walter Benjamin hinter seinen Briefen", *Merkur*, mars, 1967.
2. Cf. Pierre Missac. "L'Éclat et le secret : Walter Benjamin", *Critique* n° 231-232, Paris, 1966.

Si irritante, si blessante qu'ait pu être cette expérience, la ville elle-même compensait tout[1], tant est grand le charme de la ville intérieure construite par Haussmann, avec ses boulevards, formés de maisons qui "ne semblent pas destinées à l'habitation, mais sont comme des coulisses de pierre entre lesquelles on marche" (*Briefe*, I, 56) – comme Benjamin l'avait découvert dès 1913. Cette ville dont on peut faire le tour en suivant (de l'extérieur) les vieilles portes, est restée ce qu'étaient jadis les villes du Moyen Âge qu'un mur protégeait en les séparant rigoureusement de l'extérieur – un espace intérieur, mais sans l'étroitesse des ruelles, une sorte d'*intérieur* à l'air libre, ample dans son plan et ses constructions, et au-dessus duquel le "toit céleste" prend une réalité concrètement perceptible. "Le plus beau ici dans tout l'art et dans toute l'activité est qu'ils laissent leur splendeur aux quelques restes de l'original et du naturel" (*Briefe*, I, 421). Ils leur permettent même de gagner un lustre nouveau. Les façades uniformes, bordant les rues comme des murs intérieurs, font que l'on éprouve dans cette ville la sensation physique d'être mieux protégé que dans aucune autre. Les passages qui relient les grands

1. Cf. pour les paragraphes suivants *Paris, capitale du XIXe siècle*, Paris, Allia, 2003.

boulevards et offrent un abri contre les intempéries ont exercé sur Benjamin une fascination si énorme qu'il l'évoquait dans l'œuvre majeure qu'il projetait sur le XIXe siècle et sa capitale sous ce simple titre : "Les passages" *(Passagenarbeit)* ; et ces galeries de passage sont vraiment comme un symbole de Paris, parce qu'elles incarnent en même temps l'intérieur et l'extérieur, et, ainsi la quintessence de l'espace parisien. À Paris, un étranger se sent chez lui parce qu'on peut habiter cette ville comme on habite ailleurs ses quatre murs. Et de même qu'on n'habite pas, qu'on ne transforme pas en son logis, un appartement du seul fait qu'on s'en sert – pour dormir, manger, travailler –, mais parce qu'on y séjourne, de même on habite une ville lorsqu'on se plaît à y flâner sans but ni dessein, les innombrables cafés qui flanquent les rues, et devant lesquels s'écoule la vie de la ville, le flot des passants, renforçant ce sentiment d'être chez soi. Paris est aujourd'hui encore l'unique grande ville que l'on puisse commodément parcourir à pied, et la vie de Paris, plus que celle de toute autre ville, dépend des piétons, et se trouve menacée par le trafic automobile pour des raisons qui ne sont pas seulement techniques. Dans le désert des banlieues américaines et dans les quartiers résidentiels des grandes villes où toute la vie des rues se déroule sur les artères de circulation, et où l'on peut souvent marcher des kilomètres sur les trottoirs, réduits alors à n'être que des sentiers de passage, sans rencontrer personne, on est en face de l'exact contraire de Paris. Ce que toutes les autres villes ne semblent accorder qu'à contrecœur aux déchets de la société – traîner, flâner – c'est précisément ce que les rues de Paris demandent à tout un chacun. C'est pourquoi, dès le Second Empire, la ville est devenue le paradis de tous ceux qui ne ressentent pas le besoin de courir le gain, de faire carrière, d'atteindre un but : le paradis, donc, de la bohème, et non seulement, en vérité, des artistes et des écrivains, mais aussi de ceux qui se rassemblent autour parce qu'ils ne sont intégrables, ni politiquement, comme les apatrides, ni socialement.

Si l'on oublie cet arrière-plan de la ville qui est devenue une expérience décisive pour le jeune Benjamin, on a peine à comprendre pourquoi le *flâneur* est devenu la figure clé dans ses écrits. Dans quelle mesure cette flânerie déterminait sa façon de penser, on pouvait le voir peut-être le plus nettement dans la singularité de sa manière de marcher qui était à la fois, d'après la description de Max Rychner, "une marche en avant et une station sur place, un mélange particulier des deux[1]". C'était la démarche du

1. Max Rychner, éditeur récemment décédé de la *Neue*

flâneur, et si elle était à ce point frappante, c'est que le flâneur, comme le dandy et le snob, a sa patrie dans le XIXe siècle, époque de sécurité où les enfants de bonne souche bourgeoise étaient assurés de percevoir un revenu sans avoir à travailler, et n'avaient donc aucune raison de se dépêcher. Et la ville, de même qu'elle apprit à Benjamin la *flânerie*, secrète façon de marcher et de penser du XIXe siècle, éveilla en lui, naturellement, un goût pour la littérature française qui l'éloigna presque irrévocablement de la vie spirituelle allemande normale. "Tandis qu'en Allemagne je me sens complètement seul parmi les hommes de ma génération dans mes efforts et mes intérêts, il y a en France des phénomènes singuliers – comme écrivains, Giraudoux et particulièrement Aragon – comme mouvement, le surréalisme, où je vois à l'œuvre ce qui me préoccupe aussi", écrit-il en 1927 à Hofmannsthal, à son retour d'un voyage à Moscou, qui l'a convaincu de l'impossibilité de mener à bien des entreprises littéraires sous pavillon communiste ; il envisage alors d'affermir sa "position parisienne". (Huit ans plus

Schweizer Rundschau, fut l'une des figures les plus cultivées et les plus raffinées de la vie intellectuelle de l'époque. Comme Adorno, Ernst Bloch et Scholem, il a publié ses "Erinnerungen an Walter Benjamin" in *Der Monat*, septembre 1960.

tôt, déjà, longtemps donc avant de virer au marxisme, il avait fait part de "l'incroyable sentiment d'affinité" que Péguy lui avait inspiré. "Aucun écrit ne m'a jamais touché d'aussi près, ne m'a jamais donné un tel sentiment de communion" (*Briefe*, I, 217). Mais il ne réussit pas dans ce projet et aurait pu difficilement réussir. Car c'est seulement dans le Paris d'après-guerre que des "étrangers" – comme l'on appelle à Paris, sans doute aujourd'hui encore, quiconque n'est pas né en France de parents français – ont pu occuper des "positions". Au contraire, il fut contraint à une position qui n'était proprement nulle part, et que l'on ne peut en fait reconnaître et diagnostiquer comme position qu'après coup. C'était cette position "au sommet du mât" où les tempêtes s'annonçaient plus distinctement qu'en un port abrité, même si les signaux de détresse de cet homme qui n'avait appris à nager ni avec le courant ni contre le courant, ne furent remarqués ni de ceux qui ne s'étaient jamais abandonnés à cette mer, ni de ceux qui restaient encore et toujours capables de se mouvoir dans cet élément.

De l'extérieur, cette position paraissait être celle de l'écrivain indépendant qui vit de sa plume, à ceci près – comme Max Rychner seul semble l'avoir remarqué – que Benjamin s'y prenait d'une "manière curieuse", car "il ne publiait vraiment pas souvent” et “l’on ne voyait jamais bien (...) dans quelle mesure il disposait d’autres ressources[1]”. Les soupçons de Rychner étaient à tous égards justifiés. Non seulement Benjamin “disposait d’autres ressources” avant son émigration, mais derrière sa façade d’écrivain indépendant, il menait une existence beaucoup plus indépendante, bien que constamment menacée, d’*homme de lettres**, et ce qui constituait sa maison était une bibliothèque qu’il avait rassemblée avec une grande passion et un soin extrême. Celle-ci n’était aucunement conçue comme un instrument de travail, mais consistait en livres précieux dont la valeur, Benjamin le répéta souvent, était démontrée par le fait qu’il ne les avait pas lus ; dont l’inutilité était par conséquent garantie, et qui ne servaient pour aucune profession. Une telle existence était inconnue en Allemagne et à peu près aussi inconnu le métier qu’il en tira, par nécessité matérielle. Non le métier d’historien de la littérature et d’érudit, avec le nombre de gros livres qu’il impliquait, mais celui de critique, d’un essayiste à qui déjà l’essai paraissait trop ample et dont la forme d’expression préférée aurait été l’aphorisme s’il n’avait été payé à la ligne. Il n’était certainement pas sans savoir

1. *Ibid.*

que ses ambitions professionnelles tendaient à quelque chose qui n'existait tout simplement pas en Allemagne, où, malgré Lichtenberg, Lessing, Schlegel, Heine et Nietzsche, les aphorismes n'ont jamais été appréciés et où les gens ont en général conçu la critique pour une activité honteuse et subversive, qui peut tout au plus être goûtée dans le feuilleton littéraire d'un journal. Ce n'est pas un hasard si Benjamin a choisi la langue française pour exprimer son ambition : "*Le but que je m'étais proposé (...) c'est d'être considéré comme le premier critique de la littérature allemande. La difficulté c'est que, depuis plus de cinquante ans, la critique littéraire en Allemagne n'est plus considérée comme un genre sérieux. Se faire une situation dans la critique, cela veut (...) dire, la recréer comme genre* (*Briefe*, II, 505)."

Il n'y a pas de doute que Benjamin a dû le choix de ce métier à des influences françaises précoces, à la proximité du grand voisin d'outre-Rhin ressentie immédiatement comme affinité élective. Mais il est plus significatif encore que même son engagement dans cette voie ait été motivé par la dureté des temps et la détresse matérielle. Si l'on veut saisir la "profession" à laquelle il s'était préparé spontanément, sinon, peut-être, sciemment, à l'intérieur de catégories sociales, il faut se référer à l'Allemagne wilheiminienne dans laquelle il avait grandi et où avaient pris forme ses premiers plans pour l'avenir. Alors, on pourrait dire que Benjamin ne s'est préparé à aucune autre "profession" que celle de collectionneur privé et de professeur libre (*Privatgelehrter*). Dans le cadre de l'époque, ses études, qu'il avaient commencées avant la Première Guerre mondiale, ne pouvaient mener qu'à une carrière universitaire, mais une telle carrière était encore fermée aux Juifs non baptisés, au même titre que les autres carrières de la fonction publique. Les Juifs pouvaient envisager une *Habilitation* et dans le meilleur des cas, une promotion au rang d'*Extraordinarius* non-payé ; c'était une carrière qui présupposait un revenu assuré plutôt qu'elle ne le procurait. Le doctorat que Benjamin décida d'entreprendre seulement "à cause de ma famille" (*Briefe*, I, 216) et sa tentative ultérieure d'obtenir l'*Habilitation* furent conçus comme autant de plates-formes pour amener sa famille à lui servir cette rente.

Cette situation changea brutalement après la guerre : l'inflation avait appauvri, sinon ruiné, une grande partie de la bourgeoisie et la République de Weimar ouvrait la carrière universitaire même aux Juifs qui n'étaient pas baptisés. L'histoire malheureuse de l'*Habilitation* fait voir nettement à quel point Benjamin ne tint compte du changement des circonstances et persista dans ses idées d'avant-guerre pour tout ce qui concernait les questions d'argent. Car, depuis le début, l'*Habilitation* n'avait eu d'autre but que de rappeler son père "à l'ordre" en donnant une "preuve de reconnaissance publique" (*Briefe*, I, 293) et de le persuader d'accorder à son fils, qui avait alors atteint la trentaine, une rente qui fût suffisante, et, il faut l'ajouter, en rapport avec sa position sociale. À aucun moment, même lorsqu'il se fut rapproché des communistes, il n'en est venu à douter, en dépit de ses conflits chroniques avec ses parents, de la légitimité de cette revendication, et il n'a jamais cessé de juger "inqualifiable" de les voir lui demander "de travailler pour gagner sa vie" (*Briefe*, I, 292). Quand son père expliqua par la suite qu'il ne pourrait ni ne voudrait augmenter la somme qu'il lui versait déjà tous les mois, même si son fils obtenait l'*Habilitation*, cela bouleversa naturellement à la base toute l'entreprise de Benjamin. Jusqu'à la mort de ses parents en 1930, Benjamin put résoudre le problème de sa subsistance en se réinstallant chez ses parents, où il vécut d'abord avec sa famille (il avait une femme et un fils), puis seul après sa séparation et son divorce qui se produisirent assez vite. Il est clair que cette situation le fit grandement souffrir, mais il est non moins clair qu'il n'a guère envisagé sérieusement d'autre issue. Il est même frappant de voir que, malgré sa constante détresse matérielle, il trouva moyen durant toutes ces années d'enrichir sa bibliothèque. L'unique essai qu'il fit pour mettre un terme à cette passion coûteuse – il fréquentait les grandes salles des ventes comme d'autres fréquentent les salles de jeu des casinos – et sa résolution d'aller jusqu'à vendre quelque chose "en cas d'urgence" prirent fin avec l'obligation où il se trouva d'"atténuer" par de nouvelles acquisitions la douleur causée par cette disposition (*Briefe*, I, 340) ; et son unique essai connu pour se libérer de sa dépendance matérielle vis-à-vis de son père se termina sur l'idée, proposée au père, de l'octroi d'"un capital avec lequel je puisse prendre une participation dans une librairie d'occasions" (*Briefe*, I, 292). C'est le seul gagne-pain que Benjamin ait jamais envisagé. Naturellement cela n'aboutit à rien.

Si l'on considère la réalité allemande des années vingt et le fait que Benjamin savait parfaitement qu'il ne pourrait jamais vivre de sa plume – "il y a des endroits où je peux gagner un minimum et des endroits où je peux vivre d'un minimum, mais il n'en est aucun où ces deux conditions se rencontrent ensemble" (*Briefe*, II, 563) –, toute son attitude peut sembler d'une légèreté coupable. Mais il ne s'est nullement agi de légèreté. Il conviendrait plutôt de comprendre qu'il est tout aussi difficile à des riches devenus pauvres de croire à leur pauvreté, qu'à des pauvres devenus riches de croire à leur richesse ; les uns sont égarés par une présomption qui n'est aucunement de leur fait, les autres par une "avarice" qui n'est en réalité que l'angoisse du lendemain.

En tout cas, l'attitude de Benjamin envers les nécessités matérielles ne représentait aucunement un cas isolé ; elle était bien plutôt typique de toute une génération d'intellectuels judéo-allemands, à ceci près qu'elle n'eut sans doute pour aucun autre des résultats aussi désastreux. La base en était la mentalité des pères, hommes d'affaires arrivés qui n'avaient pas une très haute opinion de leur réussite et rêvaient pour leurs fils de destinées plus hautes. C'était la version sécularisée de l'antique croyance juive selon laquelle ceux qui "étudient" – la Torah ou le Talmud, c'est-à-dire la loi de Dieu – sont l'élite authentique du peuple et ne doivent pas avoir à se soucier de tâches aussi vulgaires que : gagner de l'argent ou travailler dans le but d'en gagner. Ce qui ne veut pas dire que dans cette génération il n'y eut pas de conflits entre père et fils ; au contraire, la littérature de l'époque en est pleine, et si Freud avait vécu et œuvré dans un pays et dans une langue autres que celles du milieu judéo-allemand qui lui procurait ses patients, peut-être n'aurions-nous jamais entendu parler du complexe d'Œdipe[1]. Mais en général ces conflits étaient résolus par la prétention des fils à être des génies, ou, dans le cas des nombreux communistes issus de familles aisées, à faire le bonheur de l'humanité – à se fixer, de toute manière, des buts plus élevés que l'argent – et les pères ne demandaient qu'à les suivre dans cette conviction. Lorsque de telles prétentions n'étaient pas exprimées ou admises cela pouvait aisément tourner à la catastrophe. Ce fut le cas pour Benjamin : son père n'admit jamais ses prétentions, et leurs rapports furent extraordinairement mauvais. Il en alla de même pour Kafka qui – peut-être parce qu'il était véritablement une sorte de génie – fut totalement exempt de la manie du génie propre à son entourage, ne prétendit jamais être un génie, et assura son indépendance matérielle en choisissant une situation ordinaire dans la Compagnie d'Assurances des travailleurs de Prague. (Ses rapports avec son père furent naturellement tout aussi

1. Kafka, plus lucide et plus réaliste en ces matières qu'aucun autre, a dit "que le complexe du père dont beaucoup font leur nourriture spirituelle (...) concerne le judaïsme du père et précisément (...) le consentement non-clair des pères (cette non-clarté était ce qu'il y avait de révoltant)", à la sortie des fils hors du judaïsme : "par les pattes de derrière, ils étaient encore collés au judaïsme du père et avec les pattes de devant, ils ne trouvaient pas de nouveau sol". Cf. Franz Kafka, *Briefe*, p. 337.

mauvais, mais pour des raisons différentes.) Cependant, même Kafka, à peine entré dans sa place, a vu en elle une "piste pour le suicide", et a cru obéir à un devoir qui ordonnait : "Il faut mériter sa tombe[1]."

Pour Benjamin, en tout cas, la rente mensuelle restait la seule forme de revenu envisageable, et, afin de la conserver après le décès de ses parents, il était ou pensait être prêt à faire beaucoup de choses : apprendre l'hébreu pour 300 marks par mois si les sionistes y voyaient une promesse, ou bien la pensée dialectique si les marxistes n'admettaient pas d'autre façon de parler avec eux. Il demeure admirable que, le couteau sous la gorge, il ne fit pourtant, en fait, ni l'un ni l'autre ; mais non moins admirable reste la patience infinie avec laquelle Scholem, qui s'était tant dépensé pour obtenir de l'université de Jérusalem la bourse qui devait permettre à Benjamin d'apprendre l'hébreu, accepta des années la procrastination de Benjamin. Nul n'était prêt, bien sûr, à lui garantir, sur le plan matériel, la seule "position" qui lui eût convenu, celle d'un *homme de lettres**, une position dont la fécondité unique n'était ou ne pouvait être pressentie ni par les sionistes ni par les marxistes.

1. *Briefe*, p. 55.

L'*homme de lettres* nous semble aujourd'hui une figure marginale, plutôt anodine, équivalente en somme à celle, toujours quasi comique, du *Privatgelehrter.* Mais Benjamin, qui se sentait si proche de la langue française qu'elle devint pour lui une "sorte d'alibi" (*Briefe*, II, 505) de son existence connaissait probablement tout aussi bien les origines de l'*homme de lettres** – la France prérévolutionnaire – que son rôle extraordinaire au cours de la Révolution française. Par opposition aux "*écrivains et littérateurs**" (définition dans le *Larousse*, de l'*homme de lettres**) qui leur succédèrent, ces hommes, bien que vivant dans le monde de la parole écrite et imprimée et surtout entourés de livres, n'étaient ni contraints ni désireux de pratiquer l'écriture et la lecture en professionnels dans le but de gagner leur vie. À la différence de la classe des intellectuels, qui mettaient leurs talents à la disposition de l'État en qualité d'experts, de spécialistes et de fonctionnaires, ou de la société, pour la divertir et l'instruire, les *hommes de lettres** se sont toujours efforcé de garder leurs distances vis-à-vis de l'État et de la société. Leur existence matérielle reposait sur des rentes non liées à un travail et leur attitude spirituelle sur un refus résolu de se laisser intégrer politiquement ou socialement. Forts de cette double indépendance, ils pouvaient se permettre cette souveraineté dans le dédain à laquelle on doit aussi bien la perspicacité de La Rochefoucauld que la sagesse de Montaigne, l'acuité aphoristique de la pensée pascalienne non moins que la hardiesse et l'absence de préjugés des réflexions politiques de Montesquieu. Il ne m'est pas possible ici d'exposer les circonstances qui transformèrent par la suite les *hommes de lettres** en révolutionnaires au XVIIIe siècle, ni la manière dont se scindèrent leurs successeurs, aux XIXe et XXe siècles : d'un côté, la classe des "hommes de culture", de l'autre, celle des révolutionnaires professionnels. Si je fais allusion à cet arrière-plan historique, c'est seulement à cause de la liaison unique chez Benjamin, entre l'élément de culture et l'élément révolutionnaire. Ce fut comme si, peu avant sa disparition probablement définitive, la figure de l'*homme de lettres** devait se montrer encore une fois dans l'entière plénitude de ses pouvoirs malgré ou peut-être à cause du dérobement catastrophique de sa base matérielle, de telle façon que la passion purement spirituelle qui rend cette figure si digne d'amour pût se développer et s'affirmer d'une manière d'autant plus suggestive et impressionnante.

Les motifs de rébellion ne manquaient certes pas à Benjamin contre ses origines, le milieu de la société judéo-allemande dans l'Allemagne impériale où il avait grandi, comme contre celui de la République de Weimar où il se refusait à prendre une profession. Dans *Une enfance berlinoise autour de 1900*, Benjamin dépeint la maison dont il était issu comme un “mausolée à lui destiné depuis longtemps” (*Schriften*, I, 643). D’une manière caractéristique, son père était un marchand d’objets d’art et un antiquaire ; la famille était riche et parfaitement assimilée, une partie de ses grands-parents était orthodoxe, l’autre appartenait à la communauté Réformée. “Dans mon enfance j’étais prisonnier de l’Ouest ancien et nouveau. Mon clan habitait alors ces deux quartiers dans une attitude où se mêlaient aigreur et fierté, et qui en faisait un ghetto qu’il considérait comme sa vie.” L’aigreur valait pour leur qualité de Juifs : c’était seulement par aigreur que l’on s’y accrochait ; la fierté s’exerçait à l’égard de l’environnement non juif, dans lequel ils n’avaient somme toute pas trop mal réussi. Dans quelle mesure, cela se voyait les jours où l’on attendait des invités. À ces occasions l’intérieur du buffet, autour duquel semblait se concentrer la maison et qui, par conséquent, “évoquait véritablement les montagnes porteuses de temples” était ouvert, et l’on pouvait alors “faire étalage de trésors semblables à ceux que les idoles aiment avoir autour d’elles”. Alors, paraissait “le trésor d’argent de la maison", et ce qui était exposé là "n'allait pas par dix, mais par vingt ou trente. Et quand je regardais ces longues, longues rangées de cuillères à moka et ces petits bancs de couteaux, couteaux à dessert ou fourchettes à huîtres, une angoisse rivalisait avec le plaisir pris à cette profusion : celle que les invités attendus ne semblent pareils les uns aux autres, tout comme notre argenterie" (*Schriften*, I, 632). Déjà l'enfant se rendait compte que quelque chose n'allait pas du tout, et cela non seulement parce qu'il y avait des pauvres ("Les pauvres – pour les enfants riches de mon âge c'était seulement les mendiants. Et cela représenta pour moi un grand progrès des connaissances quand pour la première fois la pauvreté m'apparut dans l'ignominie du travail mal payé" (*Schriften*, I, 632) mais parce que l'"aigreur" à l'intérieur et la "fierté" vis-à-vis de l'extérieur engendraient une atmosphère d'insécurité et de gêne assurément aussi peu favorable que possible pour élever des enfants. Et cela ne fut pas vrai seulement pour Benjamin, pour l'ouest de Berlin[1] ou pour l'Allemagne. Il suffit de voir avec quelle passion Kafka tenta de convaincre sa sœur de confier l'éducation de son fils de dix ans à un pensionnat, afin de le sauver de "cet esprit particulier, dont le contact

1. Quartier résidentiel chic de Berlin.

ne peut être évité aux enfants, et qui sévit particulièrement chez les Juifs riches de Prague... Cet esprit mesquin, sordide et faux[1].

Prenons garde qu'il s'agit ici de ce que l'on a appelé, depuis les années 1870 ou 1880, la question juive et que celle-ci n'exista sous cette forme que dans l'Europe centrale germanophone de ces décennies. Aujourd'hui cette question a été pour ainsi dire noyée par la catastrophe qui a frappé les Juifs européens, et elle est à juste titre tombée dans l'oubli, bien qu'on puisse parfois encore en trouver la marque dans le vocabulaire de la vieille génération des Sionistes allemands, dont les habitudes de pensée ont été formées dans les premières décennies du siècle. En outre, elle n'a jamais concerné que l'intelligentsia juive, et est restée sans importance pour la majorité des Juifs d'Europe centrale. Mais pour les intellectuels elle a eu une grande importance, car leur rapport au judaïsme, avec lequel ils n'avaient plus de lien substantiel, mais auquel en tant que phénomène social, ils ne pouvaient échapper, se manifestait à eux sous la forme d'une question morale capitale. Sous cette forme morale, la question juive caractérisait, selon les mots de Kafka, “la terrible condition

1. *Briefe*, p. 339.

intérieure de ces générations[1]". Si insignifiant que ce problème puisse nous sembler en considération de ce qui s'est effectivement produit par la suite, ni Benjamin, ni Kafka, ni Karl Kraus ne peuvent sans lui être compris[2]. Il s'agissait donc d'une question éminemment personnelle, et les deux textes que j'ai cités proviennent donc, eux aussi, de l'intimité d'une correspondance entre amis et d'un journal. Ce déchirement personnel est à son tour présent à l'arrière-plan d'auteurs que nous considérons aujourd'hui déjà presque comme les classiques d'un passé encore si proche qu'il ne m'est pas possible de le passer simplement sous silence – d'autant moins que ce sujet, pour des raisons compréhensibles, fait partie de ceux qu'il n'est pas de bon ton d'évoquer en Allemagne. Pour simplifier, je poserai la question comme elle a été posée puis discutée sans fin à l'époque – en l'occurrence, dans un essai intitulé *Parnasse judéo-allemand (Deutsch-jüdischer Parnass)* qui fit sensation quand Moritz Goldstein le publia en 1912 dans la revue réputée *Der Kunstwart*.

1. *Ibid.*, p. 337.
2. Et Benjamin a su exactement combien lui "tenait à cœur la pénétration critique (*Auseinandersetzung*) de la zone frontalière que désignent Kraus et, d'une autre manière, Kafka" (*Essais sur Bertolt Brecht*, p. 135).

La question, telle que Goldstein se la posait pour l'intelligentsia juive, se présentait sous deux aspects : l'environnement non juif et la société juive assimilée – et elle était à son avis insoluble. En ce qui concerne l'environnement non juif : "Nous Juifs gérons le bien spirituel d'un peuple qui nous dénie le droit et la capacité à le faire." Et plus loin : "Nous pouvons aisément conduire nos adversaires *ad absurdum* et leur montrer que leur hostilité est infondée. Qu'y gagnons-nous ? Nous voyons que leur haine est *vraie*. Quand toutes les calomnies ont été réfutées, toutes les déformations rectifiées, tous les jugements erronés bannis, l'aversion persiste comme quelque chose d'irréfutable. Pour qui ne voit pas cela, il n'y a rien à faire." Et c'est cet aveuglement intolérable de la société juive – dont les représentants restent juifs sans vouloir s'avouer tels : "Nous leur graverons dans les oreilles, publiquement, la question en face de laquelle ils se transforment en murs ; nous les contraindrons à s'avouer juifs ou à se faire baptiser." Cependant même si cela devait réussir, même si l'on pouvait évacuer le mensonge, qu'y gagnerions-nous ? Le "saut dans la littérature néo-hébraïque" était impossible pour la génération existante. D'où : "Notre relation à l'Allemagne est celle d'un amour malheureux. Nous voulons enfin avoir l'énergie virile suffisante pour arracher la bien-aimée de notre cœur (...) J'ai dit ce que nous *devons* vouloir. J'ai dit aussi pourquoi nous ne *pouvons* pas le vouloir. Mon intention était de faire voir le problème. Ce n'est pas ma faute, si je ne connais pas de solution." (Pour lui-même, Goldstein a résolu la question six ans plus tard en devenant rédacteur de la page littéraire de la *Vossische Zeitung*. Et quelle autre possibilité lui restait-il finalement ?

On pourrait se débarrasser de Moritz Goldstein en n'y discernant que l'écho de ce que Benjamin, dans un autre contexte, a appelé "une pièce maîtresse de l'idéologie *vulgaire* antisémite aussi bien que sioniste" (*Briefe*, I, 152-153), si l'on ne rencontrait chez Kafka, à un niveau incomparablement plus sérieux, une position identique du problème, et un constat identique de son insolubilité. Dans une lettre à Max Brod sur les auteurs juifs allemands, il dit que la question juive, ou plutôt "le déchirement qu'elle suscitait était leur source d'inspiration. Source d'inspiration aussi respectable qu'une autre, mais révélant, à un examen plus attentif, quelques tristes particularités. Tout d'abord, le moyen d'apaisement, en dépit des apparences, ne pouvait être la littérature allemande", car le problème n'était pas proprement allemand. Ainsi, ils vivaient "au milieu de trois impossibilités (...) :

l'impossibilité de ne pas écrire" puisqu'il n'y avait, d'une certaine manière, que l'écriture pour libérer leur source d'inspiration, "l'impossibilité d'écrire en allemand" – car la langue même dont ils usaient représentait pour Kafka l'"usurpation franche ou tacite, ou même auto-expiatoire d'une possession étrangère que l'on n'a pas gagnée mais volée, fugitivement, et qui reste possession étrangère même si l'on n'a pu y découvrir la plus unique (*sic – der einzigste*) faute de langage", enfin "l'impossibilité d'écrire autrement" car aucun autre langage n'était disponible. "On pourrait presque ajouter, conclut Kafka, une quatrième impossibilité, l'impossibilité d'écrire, car leur déchirement n'était pas quelque chose qui pût être apaisé par l'écriture" – au contraire de ce qui se produit ordinairement pour les poètes auxquels un dieu a donné à dire ce que les hommes souffrent. Ici, le déchirement devenait plutôt "un ennemi du vivre *et* de l'écriture ; l'écriture n'était qu'un sursis, comme pour qui écrit son testament juste avant de mourir[1]".

Rien ne serait plus facile que de prouver que Kafka se trompait et que sa propre œuvre, qui parle la plus pure prose allemande du siècle, est la meilleure réfutation de ses vues. Mais une

1. *Briefe*, p. 336-338.

telle démonstration serait de bien mauvais goût, et elle s'avère d'autant plus inutile que Kafka lui-même savait parfaitement cela. "Si j'écris une phrase au hasard", remarque-t-il dans ses *Journaux*, "elle est déjà parfaite". De même il est le seul à avoir su que le yiddish (*Mauscheln*), quel que soit le mépris que lui portaient tous ceux, Juifs ou non-Juifs, qui s'exprimaient en allemand, avait bel et bien sa place sinon peut-être en Allemagne, du moins dans l'espace allemand de la langue, n'étant que l'un des nombreux dialectes allemands. Et puisqu'il pensait à juste titre qu'"à l'intérieur de la langue allemande, il n'y a que les dialectes, et, en dehors d'eux, que le haut-allemand le plus personnel qui vivent réellement", le passage du *Mauscheln*, c'est-à-dire du yiddish, au haut-allemand, n'était naturellement pas moins légitime que le même passage du bas-allemand ou du dialecte alémanique. Si on lit les remarques de Kafka sur les troupes théâtrales juives qui le fascinaient tellement, il devient clair que ce qui l'attirait là n'était pas tant l'élément spécifiquement juif que la vie de la langue et des gestes.

Sans doute est-il d'autant plus difficile aujourd'hui de comprendre et de prendre au sérieux ces problèmes qu'on est enclin à les interpréter, à tort, comme une pure et simple réaction à l'antisémitisme ambiant et ainsi comme l'expression d'une haine de soi. Mais de cela il ne saurait être question, s'agissant d'hommes du niveau de Kafka, Kraus ou Benjamin. Ce qui donna à leur critique toute son acuité ne fut jamais l'antisémitisme comme tel, mais la réaction à son égard de la bourgeoisie juive, à laquelle l'intelligentsia ne s'identifiait aucunement. Et là non plus il ne s'agit pas de l'attitude apologétique souvent peu digne du judaïsme officiel, avec lequel les intellectuels n'avaient guère de contact, mais de la négation mensongère de l'existence de la haine antijuive et de la séparation de cette bourgeoisie d'avec la réalité, mise en scène élaborée au moyen de tous les artifices de l'auto-illusion, et dont faisait aussi partie, en tout cas pour Kafka, la démarcation établie à l'encontre du prétendu peuple des *Ostjuden* (Juifs d'Europe orientale) que l'on rendait hypocritement responsable de l'antisémitisme. Le point décisif ici était toujours l'oubli de la réalité, auquel contribuait fortement, comme il est naturel, l'opulence de ces couches sociales : "Chez les gens pauvres, écrivait Kafka, le monde, la vie du travail pénètrent d'une certaine manière d'eux-mêmes irrésistiblement dans la hutte (...) et empêchent que naisse l'air moite, empoisonné, asphyxiant pour les enfants, du salon familial bien meublé [1]." L'enjeu du combat était de vivre dans le monde tel qu'il se trouvait être – donc, par exemple, d'être préparé au meurtre de Walter Rathenau en 1922 : "incompréhensible, pour Kafka, qu'on l'ait laissé vivre si longtemps [2]".

L'élément déterminant l'acuité du problème était au fond qu'il ne représentait pas simplement, en tout cas pas essentiellement, une rupture entre générations, à laquelle on aurait pu se soustraire en fuyant la demeure familiale. Le point décisif était que ce problème ne touchait qu'une infime minorité parmi les auteurs juifs allemands, et cette minorité était entourée par tous les autres, dont nous pouvons aujourd'hui seulement les distinguer clairement grâce au rang qui leur a été reconnu par la postérité dans l'ordre de l'esprit.

Kafka qui donna pour exemple de cette situation, dans la lettre citée plus haut, les "impossibilités de langage" en ajoutant aussitôt qu'"on pourrait aussi leur donner un tout autre nom", fait référence à une "classe moyenne de la langue existant entre le dialecte et le haut-allemand reconnue" ; "cette classe moyenne de la langue n'est que cendres, et seules parviennent à leur

1. *Briefe*, p. 347.
2. *Ibid.*, p. 378.

donner un semblant de vie les mains juives ardentes qui les fouillent". Inutile de souligner que l'écrasante majorité des intellectuels juifs faisait partie de cette "classe moyenne" ; ils formaient, selon Kafka, l'"enfer des lettres juives allemandes", où Karl Kraus régnait, veillant à la discipline comme "le grand gardien et grand maître", sans remarquer à quel point "lui-même dans cet enfer fait en même temps partie de ceux qu'il faut dresser[1]". Que l'on puisse aussi voir ces choses tout autrement, d'une tout autre perspective, on peut s'en rendre nettement compte en lisant chez Benjamin la magnifique phrase de Brecht au sujet de Karl Kraus : "Lorsque l'époque mourut de sa propre main, il fut cette main" (*Schriften*, II, 174).

Le sionisme et le communisme étaient pour les Juifs de cette génération (Kafka et Moritz Goldstein avaient seulement dix ans de plus que Benjamin) les formes de rébellion dont ils disposaient – la génération des pères, il ne faut pas l'oublier, condamnant souvent plus durement la rébellion sioniste que la rébellion communiste. L'une et l'autre représentaient des moyens de quitter l'absence de réalité pour le monde, le mensonge et le leurre pour une exis-

1. Cité dans Max Brod, *Franz Kafkas Glauben und Lehre*, Winterthur, 1948.

tence honnête. Mais les choses ne présentent ce visage que rétrospectivement. À l'époque où Benjamin prit le chemin d'abord d'un sionisme peu convaincu, puis d'un communisme qui ne l'était au fond pas plus, les tenants des deux idéologies étaient opposés par l'hostilité la plus grande : les communistes traitaient pour les discréditer les sionistes de "fascistes juifs[1]" et les sionistes appelaient les jeunes communistes juifs "assimilationnistes rouges". D'une manière remarquable et probablement unique, Benjamin garda ouvertes pour lui-même les deux routes pendant des années ; il continua d'envisager un départ en Palestine longtemps après être devenu marxiste, sans se laisser influencer le moins du monde par les opinions de ses amis d'orientation marxiste, en particulier par ceux d'entre eux qui étaient juifs. Cela montre clairement combien peu l'intéressait l'aspect "positif" de l'une ou l'autre idéologie, et que ce qui lui importait dans les deux cas était le facteur "négatif" constitué par la critique des conditions existantes, porte de sortie des illusions et de l'imposture bourgeoises, position extérieure à l'establishment littéraire et universitaire aussi bien.

1. Ainsi Brecht a reproché à Benjamin d'avoir "favorisé le fascisme juif" par son étude sur Kafka. Cf. *Essais sur Bertolt Brecht*, p. 136.

Il était fort jeune au moment où il choisit cette attitude radicalement critique, et ne soupçonnait probablement pas à quel isolement et à quelle solitude elle devait le conduire par la suite. Ainsi, par exemple, nous lisons dans une lettre écrite en 1918, que Walter Rathenau, prétendant représenter l'Allemagne dans les Affaires étrangères, et Rudolf Borchardt, affichant une prétention analogue en ce qui concerne les affaires spirituelles de l'Allemagne, avaient en commun la "volonté de mentir", "l'imposture objective" (*Briefe*, I, 180 sq.). Ni l'un ni l'autre n'avait la volonté de "servir" une cause par ses œuvres – dans le cas de Borchardt, les "ressources spirituelles et linguistiques" du peuple ; dans celui de Rathenau, la nation – mais tous deux utilisaient leurs œuvres et leurs talents comme "des moyens souverains au service d'une volonté de puissance absolue". En outre, il y avait les littérateurs qui mettaient leurs dons au service d'une carrière et d'un statut social : "Être un littérateur, c'est vivre sous le signe du seul intellect, tout comme la prostitution consiste à vivre sous le signe du seul sexe" (*Schriften*, II, 179). De même qu'une prostituée trahit l'amour sexuel, un littérateur trahit l'esprit, et c'était cette trahison de l'esprit que les meilleurs parmi les Juifs ne pouvaient pardonner à leurs collègues dans la vie littéraire. “Leur fonction politique, écrivit Benjamin, est de former non des partis mais des cliques, leur fonction littéraire de produire non des écoles mais des modes, et leur fonction économique de constituer non des producteurs, mais des agents. Des agents ou des routiniers qui font étalage de leur pauvreté comme si elle était richesse et transforment en fête leur vide béant. On ne pouvait s’installer plus confortablement dans une situation plus inconfortable[1].” Dans la même veine, Benjamin écrivait cinq ans plus tard – un an après l’assassinat de Rathenau – à un proche ami allemand : “… Le Juif qui s’engage aujourd’hui publiquement pour la meilleure cause allemande la perd parce que son expression publique est nécessairement vénale (au sens plus profond du terme) et ne peut produire la preuve de son authenticité” (*Briefe*, I, 310). Il poursuivait en disant que seuls les rapports privés, “les relations” presque “secrètes entre Allemands et Juifs” étaient légitimes tandis que “tout ce qui, dans les relations entre Allemands et Juifs se produit de manière publique est funeste”. Il y avait beaucoup de

1. *L’auteur comme producteur*, conférence donnée à Paris en 1934, où Benjamin cite un essai antérieur sur la *Mélancolie de gauche*, in *Essais sur Bertolt Brecht*, p. 121.

vérité dans ces paroles. Écrites dans la perspective de la question juive à ce moment-là, elles attestent l'obscurité d'une période où l'on pouvait dire justement : "La lumière de la vie publique obscurcit tout" (Heidegger).

Dès 1913, Benjamin considérait la position sioniste "comme une possibilité et du même coup peut-être comme une obligation" (*Briefe*, I, 44) au sens de cette double rébellion contre le foyer familial et la vie littéraire judéo-allemande. Deux ans plus tard, il rencontra Gershom Scholem et découvrit en lui pour la première fois et la seule "le judaïsme sous une forme vivante" ; peu après commença son projet étrange et indéfiniment différé d'émigration en Palestine, qui persista presque vingt ans. "À certaines conditions, qui n'ont rien d'impossible, je suis prêt sinon décidé (à partir pour la Palestine). Ici, en Autriche, les Juifs (les Juifs convenables, ceux qui ne font pas de l'argent) ne parlent de rien d'autre." Ces mots remontent à 1919 (*Briefe*, I, 222). Mais en même temps il considérait ce projet comme un "acte de violence" irréalisable aussi longtemps qu'il ne se révélait pas nécessaire (*Briefe*, I, 208). Et chaque fois que surgissait telle ou telle nécessité matérielle ou politique, il reconsidérait le projet et ne partait pas. Il est difficile de dire s'il y songeait encore sérieusement après sa séparation d'avec sa femme, qui était issue d'un milieu sioniste. Mais il est certain que, durant son exil à Paris encore, il annonçait qu'il envisageait de partir "pour Jérusalem en octobre ou novembre, une fois parvenu à une conclusion plus ou moins définitive de mes études" (*Briefe*, II, 655). Ce qui donne l'impression, dans ses lettres, d'une indécision, comme s'il balançait entre le sionisme et le marxisme, était probablement dû en vérité à sa conviction amère que toutes les solutions n'étaient pas seulement objectivement fausses et inadaptées à la réalité, mais qu'elles le conduiraient personnellement à un faux salut, que ce salut s'appelât Moscou ou Jérusalem. Il avait le sentiment qu'il se priverait des chances positives de connaissance que contenait sa propre position – "au sommet d'un mât déjà fendu" ou "mort de son vivant, et l'authentique survivant" parmi les décombres. Il s'était établi dans les conditions désespérées qui correspondaient à la réalité ; c'est là qu'il désirait rester afin de "dénaturer" ses propres écrits "comme de l'alcool (...) au risque de les rendre impropres à la consommation" pour chacun de ceux qui vivaient alors, mais avec la chance d'être sauvé d'autant plus sûrement dans un avenir inconnu.

Car l'insolubilité de la question juive, pour ceux de cette génération, ce n'était pas seulement le fait qu'ils parlaient et écrivaient l'allemand, et que le “lieu de leur production” se trouvait en Europe, dans le cas de Benjamin à Berlin (le Berlin chic) ou bien à Paris ; à ce sujet, il “n’entretenait pas les moindres illusions”. Ce qui comptait davantage était qu’ils ne voulaient ni ne pouvaient revenir au judaïsme, non parce qu’ils croyaient au progrès et par suite à une disparition automatique de la haine à l’égard des Juifs, ou parce qu’ils s’estimaient trop “assimilés”, trop éloignés du judaïsme originel, mais parce que toutes les traditions et cultures leur étaient devenues également problématiques. Et cela valait tout autant pour le “retour” au peuple juif proposé par les sionistes ; tous auraient pu dire ce que Kafka a dit un jour au sujet de son appartenance au peuple juif : “Mon peuple, à supposer que j’en aie un[1].”

Mais cela n’était encore que l’aspect personnel du conflit, d’une certaine manière le moins douloureux. Ce qui attirait Benjamin dans le marxisme, et précisément dans sa forme révolutionnaire communiste, était la radicalité d’une critique qui ne se contentait pas d’analyses de rapports existants limitées au présent, mais faisait entrer en ligne de compte la totalité de la tradition spirituelle et politique. Pour Benjamin la question décisive était celle de la tradition en

1. *Briefe*, p. 183.

général, et cela exactement de la manière dont Scholem à son insu la caractérise dans l'une de ses lettres à son ami, lorsque incidemment il ajoute, après l'avoir averti des dangers dont le marxisme menace sa pensée, qu'il risque de se priver de la chance "de devenir le successeur légitime des traditions les plus fécondes et les plus authentiques d'un Hamann et d'un Humboldt". Scholem en appelle à "la moralité des vues" et ne comprend pas que c'était justement cette moralité qui interdisait absolument à Benjamin tout retour à une quelconque tradition [1].

Il est tentant, et il serait consolant aussi de penser que les rares hommes qui se sont risqués aux postes les plus exposés de l'époque, en payant le prix fort de la solitude, ont eu du moins le sentiment d'être les précurseurs d'un temps nouveau. Cela ne fut aucunement le cas. Kafka s'est prononcé sur cette question d'une manière d'autant plus remarquable qu'elle consonne sur un point décisif avec une idée de Benjamin : "Tout ce qu'il fait", note-t-il dans les aphorismes tardifs intitulés "IL" (*Er*), "lui paraît extraordinairement neuf, mais aussi, à cause

1. Dans l'article cité plus haut, Pierre Missac évoque ce même passage et écrit : "Sans sous-estimer la valeur d'une telle réussite (d'être le successeur de Hamann et de Humboldt), on peut penser que Benjamin recherchait aussi dans le marxisme un moyen d'y échapper."

de cette impossible abondance du neuf, extraordinairement dilettante, presque intolérable même, incapable de devenir historique, disloquant la chaîne des générations, coupant pour la première fois dans ses ultimes profondeurs cette musique du monde jusqu'alors toujours au moins possible à pressentir. Quelquefois, dans son orgueil, *il ressent plus d'angoisse pour ce monde que pour lui-même*". Et Benjamin, qui soulève la même question dans son essai sur Karl Kraus, demande : Se tient-il "au seuil d'un temps nouveau" ? "Hélas, aucunement. Il se tient en fait au seuil du Jugement dernier." Et sur ce seuil se sont au fond tenus tous ceux qui sont devenus par la suite les maîtres du "temps nouveau", ils ont perçu leur avancée d'abord comme un déclin, et l'histoire, en même temps que les traditions qui conduisaient au moment où ils se trouvaient, comme un amas de décombres [1].

1. À cet égard, aussi Baudelaire est le prédécesseur de Benjamin : "Le monde va finir. La seule raison pour laquelle il pouvait durer, c'est qu'il existe. Que cette raison est faible, comparée à toutes celles qui annoncent le contraire, particulièrement à celle-ci : qu'est-ce que le monde a désormais à faire sous le ciel ? (...) Quant à moi qui sens quelquefois en moi le ridicule d'un prophète, je sais que je n'y trouverai jamais la charité d'un médecin. Perdu dans ce vilain monde, coudoyé par les foules, je suis comme un homme lassé dont l'oeil ne voit en arrière, dans les années profondes, que désabusement et amertume, et devant lui

"Nous savons que nous sommes des précurseurs. Et après nous viendra : rien qui mérite d'être nommé" (Brecht). Personne n'a exprimé cela plus clairement que Benjamin dans ses *Geschichtsphilosophischen Thesen*[1] et nulle part il ne l'a dit avec moins d'ambiguïté que dans ce passage d'une lettre de Paris datée de 1935 :

"Au reste, je ne me sens guère contraint de mettre en couplets, dans sa totalité, l'état de ce monde. Il y a déjà, sur cette planète, bien des civilisations qui ont péri dans le sang et l'horreur. Naturellement, il faut lui souhaiter de vivre un jour une civilisation qui aura laissé les deux derrière elle – je suis même (...) enclin à supposer que la planète est en attente de cela. Mais savoir si *nous* pourrons déposer ce présent sur sa cent ou quatre cent millionième table d'anniversaire, c'est, en vérité, terriblement incertain. Et si cela n'arrive pas, elle nous punira finalement – pour nos compliments hypocrites – en nous servant le Jugement dernier[2]."

À cet égard, on ne saurait dire que les trente dernières années aient apporté de réelle nouveauté.

qu'un orage où rien de neuf n'est contenu, ni enseignement ni douleur." *Journaux intimes*, éd. Pléiade, p. 1195-1197.

1. "Sur le concept d'histoire", in *Œuvres*, III, p. 427.

2. "Jugement dernier" traduit *Weltgericht*, Benjamin joue sur le double sens du mot *Gericht* : 1) jugement ; 2) plat.

III. LE PÊCHEUR DE PERLES

Full fathom five thy father lies,
  Of his bones are coral made :
Those are pearls that were his eyes.
  Nothing of him that doth fade,
But doth suffer a sea-change
  Into something rich and strange...
Shakespeare, *The Tempest*, I, 2. 400 [1].

POUR autant que le passé est transmis comme tradition, il fait autorité. Pour autant que l'autorité se présente historiquement, elle devient tradition. Walter Benjamin savait que la rupture de la tradition et la perte de l'autorité survenues à son époque étaient irréparables, et il concluait qu'il lui fallait découvrir un style nouveau de rapport au passé. En cela, il devint maître le jour où il découvrit qu'à la transmissibilité du passé, s'était substituée sa "citabilité", à son autorité cette force inquiétante de s'installer par bribes dans le présent et de l'arracher à cette

1. *La Tempête*, trad. P. Leyris, *Œuvres complètes*, t. XII, p. 57, Le Club Français du Livre, Paris, 1961. ("Par cinq brasses sous les eaux, / Ton père englouti sommeille : / De ses os naît le corail, / De ses yeux naissent les perles. / Rien chez lui de corruptible / Dont la mer ne vienne à faire / Quelque trésor insolite...")

"fausse paix" qu'il devait à une complaisance béate. "Les citations, dans mon travail, sont comme des voleurs de grands chemins qui surgissent en armes et dépouillent le promeneur de ses convictions" (*Schriften*, I, 571). Cette découverte de la fonction moderne de la citation selon Benjamin, qui donnait ici Karl Kraus en exemple, était née d'un désespoir, non de ce désespoir que suscite un passé qui se refuse "à éclairer l'avenir" et laisse l'esprit humain "marcher dans les ténèbres", comme chez Tocqueville, mais d'un désespoir relatif au présent et d'un désir de détruire le présent. Par conséquent la force de la citation "n'est pas de conserver, mais de purifier, d'arracher du contexte, de détruire" (*Schriften*, II, 192). Cependant, ceux qui découvraient cette force destructrice étaient originellement animés d'une intention toute différente, l'intention de conserver. Et c'est seulement parce qu'eux-mêmes ne se laissaient pas duper par les "conservateurs" professionnels qu'ils voyaient partout, qu'ils découvrirent finalement que la force destructrice de la citation est "la seule où l'on trouve encore l'espoir que quelque chose de cette époque survive – pour l'unique raison que cela lui a été arraché". Sous cette forme de "fragments de pensée" la citation a la double tâche de rompre le cours de l'exposition avec "une force transcendante” (*Schriften*, I, 142-143) et de concentrer en même temps ce qui est exposé. En ce qui concerne leur poids, les citations dans les écrits de Benjamin ne peuvent être comparées qu’aux citations bibliques très dissemblables qui se substituent si souvent, dans les Traités médiévaux, à la cohérence interne de l’argumentation.

J’ai déjà mentionné que la passion centrale de Benjamin était la collection. Elle débuta précocement avec ce que lui-même a appelé sa “bibliomanie”, mais se transforma bientôt en quelque chose de plus caractéristique, non pas tant de la personne que de l’œuvre : la collection de citations. (Non qu’il ait jamais cessé de collectionner des livres. Peu avant la défaite de la France, il envisagea sérieusement d’échanger son édition des *Œuvres complètes* de Kafka qui était récemment parue en cinq volumes, contre quelques éditions originales des premiers écrits de Kafka – entreprise naturellement incompréhensible pour qui n’est pas bibliophile.) Le “besoin intime de posséder une bibliothèque” (*Briefe*, I, 193) se manifesta aux environs de 1916 au moment où Benjamin consacrait ses travaux au Romantisme considéré comme le “dernier mouvement qui, une fois de plus, sauva la tradition” (*Briefe*, I, 138). Qu’une certaine force destructrice fût déjà à l’œuvre dans cette passion pour le passé, si caractéristique des héritiers et des tard-venus, Benjamin ne le découvrit que beaucoup plus tard, quand il eut déjà perdu sa foi en la tradition et en l'indestructibilité du monde. (Nous y reviendrons bientôt.) À ce moment-là, encouragé par Scholem, il croyait encore que si la tradition lui était devenue étrangère, la cause en était probablement sa qualité de Juif, et qu'un retour ne serait pas moins possible pour lui que pour son ami qui se préparait à émigrer à Jérusalem. (Dès 1920, alors qu'il n'était pas encore en proie à de sérieux soucis matériels, il pensait à apprendre l'hébreu.) Il n'alla jamais aussi loin dans cette voie que Kafka qui expliquait, après avoir vu échouer tous ses efforts, que rien de juif ne pouvait lui servir, excepté les récits hassidiques que Buber venait d'adapter pour le lecteur moderne. "Partout ailleurs, je suis seulement comme entraîné d'un courant d'air à l'autre." Allait-il donc, malgré tous ses doutes revenir au passé allemand et européen et contribuer à la continuité de cette tradition littéraire ?

C'est probablement sous cette forme que la question se présentait pour lui au début des années vingt, avant qu'il ne se tourne vers le marxisme. C'est alors qu'il choisit le Baroque allemand comme sujet de sa thèse d'*Habilitation*, et ce choix est très caractéristique de l'ambiguïté de cet ensemble de problèmes encore irrésolus. Car, dans la tradition littéraire et poétique allemande, le Baroque, à l'exception des grands chorals d'église de l'époque, n'a jamais été véritablement vivant. Goethe a dit, à juste titre, que lorsqu'il avait dix-huit ans la littérature allemande n'était pas plus âgée que lui. Et le choix, baroque en un double sens, de Benjamin a sa contrepartie exacte dans la remarquable décision de Scholem d'accéder au judaïsme par la Kabbale, donc par cette partie de la littérature hébraïque qui est non transmise et intransmissible au sens de la tradition juive, et à laquelle s'attachait, de plus, une sorte de tabou implicite. Rien semble-t-il après coup, mieux que le choix de ce domaine de recherches, ne mettait en lumière qu'il n'y avait pas de chemin de retour ni dans la tradition allemande ou européenne, ni dans la tradition juive. C'était admettre implicitement que le passé ne parlait directement qu'à travers des choses qui n'étaient pas transmises, dont la proximité apparente au présent était précisément due à leur caractère exotique et qui, pour cette raison, ne pouvaient en aucun cas prétendre faire autorité.

Les vérités apodictiques étaient remplacées par ce qui semblait significatif ou intéressant en un certain sens, et cela bien sûr signifiait – personne ne le savait mieux que Benjamin –

que la “consistance de la vérité (...) a été perdue” (*Briefe*, II, 763). Une propriété caractéristique de cette “consistance de la vérité” était, du moins pour Benjamin dont les premières tentatives de pensée avaient été d’inspiration entièrement théologique, que la vérité se rapportait à un mystère, et que c’était la révélation de ce mystère qui faisait autorité. La vérité, disait Benjamin peu avant de devenir pleinement conscient de cette rupture irréparable de la tradition et de la perte de l’autorité, n’est pas “un dévoilement qui détruit le mystère mais la révélation qui lui rend justice”. Chaque fois que cette vérité avait fait son apparition dans le monde des hommes au moment approprié de l’histoire – qu’il s’agisse de l’*a-letheia* grecque perceptible à l’œil spirituel et que nous comprenons avec Heidegger comme “non-retrait” (*Unverborgenheit*) ou qu’il s’agisse de la parole divine perceptible par l’oreille telle que les religions révélées nous la font connaître – c’était cette consistance qui lui était propre qui la rendait pour ainsi dire tangible et lui permettait d’être transmise par la tradition. La tradition transforme la vérité en sagesse et la sagesse est la consistance de la vérité transmissible. En d’autres termes, même si la vérité devait apparaître dans notre monde, elle ne pourrait pas conduire à la sagesse parce qu’elle ne posséderait plus les caractéristiques qu'elle ne peut acquérir que par une reconnaissance universelle de sa validité.

Benjamin parle de ces choses à propos de Kafka et dit que naturellement "Kafka était loin d'être le premier à affronter cette situation. Beaucoup s'en étaient accommodés, s'attachant à la vérité ou à tout ce qu'ils considéraient comme vrai à un moment donné ; d'un cœur plus ou moins léger, renonçant à sa transmissibilité. Le véritable génie de Kafka était d'avoir tenté quelque chose d'entièrement neuf : il sacrifiait la vérité pour s'attacher à la transmissibilité" (*Briefe*, II, 763). Il fit cela en opérant des changements décisifs dans les paraboles traditionnelles ou en en inventant de nouvelles dans le style de la tradition ; mais ces paraboles "ne sont pas simplement couchées aux pieds de la doctrine comme les récits de la Haggada dans le Talmud, elles lui donnent à l'improviste un grand coup de griffe". Déjà la descente de Kafka dans les abîmes du passé avait le double aspect particulier de vouloir conserver et de vouloir détruire. Il voulait le conserver même s'il n'était pas vérité, ne serait-ce que pour cette beauté nouvelle de ce qui disparaît (voir l'essai de Benjamin sur Leskov[1]), et il savait d'autre part qu'on ne peut pas briser la tradi-

1. *Le Conteur*, in *Œuvres*, III, p. 114.

tion plus efficacement qu'en arrachant à ce qui nous est parvenu le "riche et le rare", les coraux et les perles.

Benjamin a expliqué l'ambiguïté de cette attitude envers le passé en prenant pour exemple la passion de collectionner qui était la sienne. Le collectionneur a des motifs variés que lui-même ne comprend pas toujours. Collectionner, Benjamin fut sans doute le premier à le souligner, est la passion des enfants, pour lesquels les choses n'ont pas encore le caractère de marchandises, et c'est aussi le "hobby" des gens riches qui ont suffisamment pour pouvoir se passer de l'utile et par conséquent se permettre de "faire 'leur' affaire de la transfiguration des choses" (*Schriften*, I, 416). Pour cela, ils doivent nécessairement découvrir le beau dont la reconnaissance repose sur le "plaisir désintéressé" (Kant). En tout cas, ils remplacent la valeur d'usage par le goût. (Benjamin ne savait pas encore que la collection peut aussi représenter une forme d'investissement tout à fait sûre et souvent extrêmement profitable.) Et, dans la mesure où la passion de collectionner peut s'attacher à toute espèce d'objet (non seulement aux objets d'art qui échappent de toute façon au monde quotidien des objets d'usage parce qu'ils ne sont "bons" à rien) et par là libère, pour ainsi dire, l'objet de sa qualité de chose – il ne sert plus à rien, n'étant pas moyen pour une fin, il a sa valeur en soi – Benjamin pouvait comprendre la passion de collectionner comme une attitude apparentée à l'activité révolutionnaire. Comme le révolutionnaire, le collectionneur "ne rêve pas seulement d'un monde éloigné ou passé mais en même temps d'un monde meilleur où les hommes sans doute ne sont pas davantage pourvus de ce dont ils ont besoin que dans le monde quotidien, mais où la corvée d'être utile est épargnée aux choses" (*Schriften*, I, 416). La collection est la rédemption des choses qui doit compléter celle des hommes. Déjà le fait de lire ses livres pose un problème au véritable bibliophile. "Et vous les avez tous lus ? aurait demandé à Anatole France un admirateur de sa bibliothèque. – Pas le dizième. Est-ce que vous vous servez tous les jours de vos Sèvres [1]?" (Dans la bibliothèque de Benjamin, il y avait une collection de livres d'enfants rares et de livres de malades mentaux ; et puisqu'il ne s'intéressait ni à la psychologie de l'enfant ni à la psychiatrie, ces livres, comme beaucoup d'autres de ses trésors ne pouvaient littéralement servir à rien, ni à divertir, ni à instruire.) Cela va de pair avec le caractère de fétiche que Benjamin

1. *Je déballe ma bibliothèque*, préface de Jennifer Allen, trad. de Philippe Ivernel, Rivages, 2000.

revendiquait expressément pour l'objet de collection. La valeur d'"authenticité" décisive pour le collectionneur comme pour le marché qu'il détermine a pris la place de la "valeur cultuelle", est sa sécularisation.

Il y a dans ces réflexions, comme souvent chez Benjamin, une sorte d'ultrasubtilité qui ne marque pas ses vues essentielles qui sont pour la plupart très directes. Mais ce trait est bien caractéristique de cette *flânerie* qui lui était propre même dans les choses de l'esprit où, semblable au *flâneur* dans la ville, il confie au hasard le soin de le guider dans ses voyages d'exploration. De même que la flânerie à travers les trésors du passé est le privilège de l'héritier, de même "l'attitude du collectionneur est, au sens le plus élevé, l'attitude de l'héritier [1]" qui, en prenant possession des choses – et "la possession est le rapport le plus profond que l'on puisse avoir aux choses" – s'établit dans le passé pour accomplir, ainsi protégé du présent, "un renouveau du vieux monde". Et puisque cette "tendance la plus profonde" du collectionneur est un plaisir purement privé, tout "ce qui est dit du point de vue du véritable collectionneur" doit sembler aussi "bizarre" que l'idée, véritablement digne d'un Jean-Paul, d'un écrivain

1. *Ibid.*

qui écrit “des livres non parce qu’il est pauvre, mais parce qu’il est insatisfait des livres qu’il pourrait acheter et qui ne lui plaisent pas [1]”. Mais à y regarder de plus près, cette bizarrerie du collectionneur présente quelques particularités fort remarquables. Il y a, d’une part, le geste si caractéristique de cette époque par lequel le collectionneur, non content de se retirer de la vie publique actuelle dans sa vie privée, emporte chez lui, croyant les sauver, des choses qui furent autrefois propriété publique. (Il ne s’agit ici naturellement pas encore de ce collectionneur d’aujourd’hui qui s’empare de tout ce qui est ou sera, selon lui publiquement coté, mais de celui qui, comme Benjamin, pourchasse justement le singulier qui passe pour dépourvu de valeur.) D’autre part, dans cette passion du passé pour le passé, se fait jour déjà un trait tout à fait troublant qui annonce que la tradition ne trouve pas son compte dans cet “héritage” et que ses valeurs n’y sont aucunement reprises de la manière rassurante qu’il semble au premier abord.

Car la tradition met de l’ordre dans le passé, non seulement au point de vue chronologique, mais avant tout au point de vue systématique en ce qu’elle sépare le positif du négatif, l’ortho-

1. *Ibid.*

doxe de l'hérétique, ce qui est astreignant et important de la masse des opinions et données sans importance ou simplement intéressantes. Or, non seulement la passion du collectionneur n'est pas systématique, mais elle se trouve à la limite du chaotique, non tant parce qu'elle est une passion que parce qu'elle n'est pas primordialement engendrée par la qualité de l'objet – quelque chose de classable – mais est allumée par sa "spécificité" (*Echtheit*), son unicité, quelque chose qui défie toute classification systématique. Par conséquent, alors que la tradition introduit des discriminations, le collectionneur nivelle toutes les différences ; et ce nivellement – à savoir que "le positif et le négatif (...) la prédilection et le rejet sont ici étroitement voisins" (*Schriften*, II, 313), dans leur antagonisme – se produit même si le collectionneur a fait de la tradition elle-même sa spécialité et soigneusement éliminé tout ce que la tradition ne reconnaît pas. Contre la tradition, le collectionneur pose le critère de la spécificité ; contre la norme, le signe de l'origine. Pour dire cela en termes théoriques : il substitue au contenu l'originalité ou l'authenticité pures, quelque chose que seul l'Existentialisme français a établi comme une qualité en soi, abstraction faite de tout prédicat spécifique. Si l'on amène ce mode de pensée à ses conséquences logiques, il en résulte un étrange renversement du mobile originel du collectionneur : “L’image véridique (*echt*) peut être vieille, mais l’idée véridique est neuve. Elle est d’aujourd’hui. Cet aujourd’hui peut être pauvre, soit. Mais peu importe, il faut le prendre par les cornes pour pouvoir interroger le passé. Il est le taureau dont le sang doit remplir la fosse pour qu’au bord les esprits des défunts puissent apparaître” (*Schriften*, II, 314). De ce présent sacrifié pour l’évocation du passé, naît alors “la force mortelle de l’idée” qui s’élève contre le passé envisagé comme tradition et autorité. Donc : “Ne pas s’attacher au bon vieux mais au mauvais neuf.”

Ainsi l’héritier, celui qui conserve, se transforme à l’improviste en destructeur. “La vraie passion, très méconnue du collectionneur, est toujours anarchiste, destructrice. Car voici sa dialectique : lier à la fidélité envers la chose, envers la singularité qu’elle recèle, une protestation subversive opiniâtre contre le typique, le classable[1].” Le collectionneur détruit le contexte où son objet a jadis été seulement partie d’un tout vivant plus grand, et comme pour lui compte seulement l’unicité de l’authentique, il doit purifier l’objet choisi de tout ce qui est typique en lui. La figure du collectionneur, aussi archaïque

1. Benjamin, “*Lob der Puppe*”, *Literarische Welt*, 10 janvier 1930.

que celle du *flâneur*, si elle peut présenter chez Benjamin des traits à ce point modernes, c'est que l'histoire elle-même – en l'occurrence la rupture de la tradition consommée au début de ce siècle – lui a déjà épargné le travail de détruire et qu'il n'a besoin pour ainsi dire que de se baisser pour recueillir dans les décombres du passé ses précieux fragments. En d'autres termes, les choses offraient d'elles-mêmes, à celui qui s'accrochait à l'aujourd'hui, un aspect que l'on pouvait auparavant découvrir seulement du point de vue bizarre du collectionneur.

Je ne sais quand Benjamin a découvert la coïncidence remarquable de ses mobiles archaïques avec les données de l'époque ; cela doit s'être produit au milieu des années vingt, alors qu'il commençait à se préoccuper sérieusement de Kafka peu de temps avant de découvrir en Brecht le poète de cette époque. Je ne veux pas dire que Benjamin passait d'un jour à l'autre ni même d'une année à l'autre de la collection des livres à la collection des citations (propre à lui seul) bien que ses lettres témoignent parfois d'un déplacement d'accent conscient. En tout cas, rien ne le caractérisait mieux dans les années trente que le petit carnet à reliure noire qu'il portait toujours sur lui et où il inscrivait sous forme de citations ce que sa vie et ses lectures quotidiennes lui apportaient en fait de "perles" et de "coraux", pour les exhiber et les lire à l'occasion par la suite comme les pièces d'une collection précieuse. Et dans cette collection qui n'avait plus rien d'une lubie, on pouvait sans difficulté trouver à côté d'un poème d'amour ignoré du XVIIIe siècle la dernière information donnée par le journal, à côté de *La première neige* de Goecking cette nouvelle de Vienne, été 1939, que la compagnie du gaz avait "suspendu la distribution du gaz aux Juifs. La consommation en gaz de la population juive entraînait des pertes pour la compagnie du gaz, parce que c'était les plus grands consommateurs qui ne réglaient pas leurs factures. Les Juifs utilisaient le gaz de préférence à des fins de suicide" (*Briefe*, II, 820). Ici les esprits des défunts étaient bel et bien évoqués à partir de la seule fosse sacrificielle de l'aujourd'hui.

À quel point est en vérité légitime et appropriée à la rupture contemporaine de la tradition la figure apparemment bizarre du collectionneur qui va recueillir dans les décombres du passé ses fragments et ses pièces, le meilleur moyen peut-être de le comprendre est de considérer ce fait déconcertant à première vue seulement qu'il n'y a pas eu d'époques avant la nôtre où l'ancien, le plus ancien et beaucoup de choses depuis longtemps oubliées par la tradition sont devenues bien de culture universelle mis dans la main de chaque écolier, à des centaines de milliers d'exemplaires. Cette reviviscence étonnante, spécialement de l'Antiquité, qui s'est manifestée de la manière la plus frappante peut-être dans l'Amérique relativement dépourvue de tradition depuis les années quarante, avait commencé en Europe dans les années vingt. Et celle-ci fut amorcée, là, par ceux qui avaient le plus clairement conscience du caractère irréparable de cette rupture de la tradition – donc, en Allemagne, et non seulement en Allemagne, avant tout par Martin Heidegger dont le succès extraordinaire et extraordinairement précoce, au cours des années vingt, a été dû pour une part essentielle à une "écoute de la tradition qui ne soit pas à la remorque du passé mais qui médite le présent[1]". Avec la grande sensibilité de Heidegger à l'égard de tout ce qui peut être transformé en perles et en corail par un œil vivant et une articulation vivante et, pour autant, n'est sauvable et ne peut être amené au présent que par la "violence" de l'interprétation, c'est-à-dire "la force meurtrière" d'idées nouvelles, Benjamin avait au fond, sans le

1. *La Thèse de Kant sur l'être*, trad. L. Braun et M. Haar, in *Questions II*, p. 75, Gallimard, Paris, 1968.

savoir, beaucoup plus en commun qu'avec les subtilités dialectiques de ses amis marxistes. Car, de même que la phrase (déjà citée dans la première partie de cette étude) qui conclut l'essai sur Goethe – "c'est seulement pour les sans-espoir que l'espoir nous a été donné" – a une résonance kafkaïenne, de même on pourrait bien croire des paroles suivantes écrites en 1924 (dans une lettre à Hofmannsthal) qu'elles viennent d'un texte du Heidegger des années quarante ou cinquante :

"La conviction qui me guide dans mes tentatives littéraires (...) (est) que toute vérité a sa maison, sa demeure ancestrale, dans la langue, que celle-ci est bâtie sur les *logoi* les plus anciens et qu'en face de la vérité ainsi fondée, les vues des sciences particulières restent subalternes aussi longtemps qu'elles se bornent à prendre leur bien, en quelque sorte comme des nomades, tantôt ici, tantôt là dans le domaine de la langue, captives qu'elles sont de cette conception de la langue en termes de signe qui imprime à leur terminologie un arbitraire irresponsable." (*Briefe*, I, 329.) En effet, les mots au sens des premiers essais de Benjamin consacrés à la philosophie du langage[1]

1. Cf. *Sur le langage en général et sur le langage humain*, in *Œuvres*, I, p. 142.

sont "le contraire de toute communication réglée sur l'extérieur", de même que la vérité en général est "la mort de l'intention". Pour qui cherche la vérité, il en va comme pour cet homme de la légende de l'image voilée consacrée à Saïs : "Ce n'est pas une monstruosité énigmatique de la chose qui motive cela, mais la nature de la vérité en face de laquelle même le feu le plus pur du chercher est éteint comme par de l'eau" (*Schriften*, I, 131,152).

Depuis l'essai sur les *Affinités électives*, la citation se trouve au centre de tout le travail de Benjamin. Les essais de Benjamin se distinguent déjà par là des travaux d'érudition de toute espèce, où les citations ont pour fonction de confirmer des opinions, et peuvent donc être renvoyées sans problème dans les notes. De cela il ne saurait être question chez Benjamin. Lorsqu'il préparait son travail sur la tragédie allemande, il se faisait gloire d'une collection "d'environ 600 citations ordonnées de la manière la plus claire" (*Briefe*, I, 339) ; et cette collection comme les carnets plus tardifs, n'était pas une accumulation d'extraits destinés à alléger le travail d'écriture mais représentait déjà le principal du travail, relativement auquel le texte était de nature secondaire. Le principal du travail consistait à arracher des fragments à leur contexte et à leur imposer un nouvel ordre, et cela, de telle sorte qu'ils puissent s'illuminer mutuellement et justifier pour ainsi dire librement leur existence.

Il s'agissait exactement d'une sorte de montage surréaliste. Son idéal – produire un travail constitué exclusivement de citations et par conséquent agencé avec une maîtrise telle qu'il pût se dispenser de tout texte d'accompagnement – peut faire l'effet d'une plaisanterie autodestructrice, mais il l'était tout aussi peu que les tentatives surréalistes contemporaines, qui étaient nées de tendances analogues. Cependant, dans la mesure où un texte d'accompagnement de l'auteur lui-même était inévitable, il importait à Benjamin de lui donner une forme telle que "l'intention de telles analyses" – "plutôt forer qu'excaver (...) la profondeur de l'idée et de la langue" – fût préservée, et non ruinée par des explications visant à produire un contexte causal ou systématique. Que cette nouvelle méthode de forage ait pour conséquence un certain "forçage des interprétations" dont le pédantisme sans élégance est assurément préférable à la belle allure quasiment générale aujourd'hui des interprétations falsificatrices", cela lui était tout aussi clair que le fait que sa méthode était vouée à "occasionner certaines obscurités". Son souci majeur était d'éviter tout ce qui aurait pu rappeler l'"intuition" (*Einfühlung*), suggérer que l'objet de l'analyse, à chaque fois, contenait un message tout prêt, qui se communiquerait immédiatement ou se laisserait communiquer médiatement au lecteur ou au visiteur : *Nul poème n'est destiné au lecteur, nul tableau à l'amateur, nulle symphonie à l'auditeur* [VII].

Cette phrase, écrite très tôt, pourrait être mise en exergue à tout le travail critique de Benjamin. Et il ne s'agit pas seulement, loin de là, d'agresser un public déjà immunisé, de produire, comme les dadaïstes, un effet de choc par l'arbitraire. Pour Benjamin, il y va bien plutôt d'une conviction : celle que certaines choses, essentiellement de l'ordre de la langue "gardent leur sens, peut-être même leur meilleur sens, lorsqu'elles ne sont pas rapportées *a priori* exclusivement à l'homme. Ainsi, on pourrait parler d'une vie ou d'un instant inoubliables même si tous les hommes les avaient oubliés. Si l'essence d'une telle vie ou d'un tel moment exigeait d'elle-même qu'on ne l'oubliât pas, ce prédicat ne deviendrait aucunement quelque chose de faux, mais simplement une exigence à laquelle les hommes n'ont pas répondu, et peut-être, en même temps, une assignation à un domaine où elle trouverait sa réponse : à une mémoire de Dieu [1]". Benjamin a renoncé plus

1. "La Tâche du traducteur", in *Œuvres*, I, p. 246.

tard à cet arrière-plan théologique, mais non à la chose elle-même ni à la méthode : puiser l'essence dans la citation – comme on puise l'eau par forage à la source souterraine, cachée dans la profondeur. Ce forage est analogue à un exorcisme et ce qui est exorcisé de la sorte et surgit est toujours ce qui a subi le "*sea-change*" shakespearien, la métamorphose de l'œil vivant en perle et de l'ossature vivante en corail. Chez Benjamin, citer est nommer, et c'est ce "nommer" plutôt qu'un "parler", le nom et non la phrase, qui portent au jour la vérité. La vérité, pour Benjamin, comme on peut le lire dans l'avant-propos de l'*Origine de la tragédie allemande*, doit être considérée comme un phénomène exclusivement acoustique : "Ce n'est pas Platon, mais Adam" qui donna aux choses leurs noms, qui est pour lui le "père de la philosophie". Par conséquent la tradition était la forme dans laquelle étaient transmis les mots qui nomment – elle aussi, phénomène essentiellement acoustique – une "tradition", comme dit Heidegger, "à l'écoute" de laquelle "il faut se remettre[1]". Et s'il se sentait une telle affinité avec Kafka, c'est que celui-ci, aussi, quoi qu'en aient dit beaucoup d'interprètes, ne possédait "en rien la capacité

1. *Hegel et les Grecs*, trad. J. Beaufret et D. Janicaud in *Questions II*, p. 62.

de voir à distance", non plus que le don de "double vue", mais était aux écoutes de la tradition, "et qui écoute de toutes ses forces ne voit pas".

Que les premiers intérêts philosophiques de Benjamin se soient orientés exclusivement sur la philosophie du langage et que la nomination, par la citation, lui soit finalement devenue l'unique manière possible, adéquate, d'entretenir un rapport avec le passé sans l'aide de la tradition, cela ne va pas sans de bonnes raisons. Toute époque pour laquelle son propre passé est devenu problématique à un degré tel que le nôtre, doit se heurter finalement au phénomène de la langue ; car dans la langue ce qui est passé a son assise indéracinable, et c'est sur la langue que viennent échouer toutes les tentatives de se débarrasser définitivement du passé. La *polis* grecque continuera d'être présente au fondement de notre existence politique, au fond de la mer, donc aussi longtemps que nous aurons à la bouche le mot "politique". C'est cela que les sémanticiens qui, non sans raison, attaquent la langue comme l'unique bastion derrière lequel se cache le passé – la confusion de la langue, comme ils disent –, ne comprennent pas. Ils ont parfaitement raison : tous les problèmes sont en dernière instance des problèmes linguistiques ; il leur manque seulement de savoir ce qu'ils disent par là.

Mais Benjamin, qui ne connaissait pas encore Wittgenstein ni, à plus forte raison, ses prédécesseurs et successeurs, s'y entendait justement très bien en ces choses, parce que pour lui le problème de la vérité se posait depuis le commencement comme celui d'une "révélation", qui "doit être *perçue*, c'est-à-dire réside dans la sphère métaphysiquement acoustique". Pour lui donc la langue n'était en rien premièrement le don de parler privilégiant les hommes parmi les autres vivants, mais au contraire l'"essence du monde (...) dont procède le parler". Cela est très proche de la position heideggérienne : "l'homme ne peut parler que dans la mesure où il est celui qui dit[1]", à ceci près que pour Benjamin le Dire signifierait bien aussi "laisser-paraître", mais non "laisser-voir". Il y a donc "une langue de la vérité, dans laquelle les derniers secrets, à dessein desquels peine tout penser, absente toute tension, elle-même gardant le silence, sont conservés", et c'est "la langue vraie", dont nous présupposons le plus souvent sans le pressentir l'existence, dès que nous traduisons d'une langue dans une autre. C'est pourquoi Benjamin place au milieu de son essai sur "La Tâche du

1. *Ibid.*, p. 65.

traducteur[1]" l'étonnante citation de Mallarmé, où les langues parlées, dans leur pluralité et leur diversité, sont comprises comme l'obstacle qui empêche même de penser l'"immortelle parole", bien loin de l'insérer matériellement, comme vérité, dans la matière du monde. Quelque révision que Benjamin ait pu apporter par la suite, sur le plan théorique, à ces convictions théologico-métaphysiques, il n'a jamais abandonné cette disposition initiale décisive pour tous ses travaux littéraires : ne pas interroger les créations linguistiques sur leur valeur d'usage et de communication, mais les comprendre dans leur forme cristallisée et par conséquent principalement fragmentaire comme des manifestations sans intention et sans communication d'une "essence du monde". Que cela veut-il dire, sinon qu'il a compris la langue en général à partir de la poésie ? Et c'est précisément ce que la dernière phrase, non citée par lui, où culmine l'aphorisme de Mallarmé, dit en toute distinction : "Seulement, sachons n'existerait pas le vers : lui, philosophiquement rémunère le défaut des langues, complément supérieur[2]." En quoi je n'ai fait que répéter,

1. In *Œuvres*, I, p. 244.
2. Mallarmé, *Variations sur un sujet (Crise de vers)*, *Œuvres complètes*, Pléiade, Gallimard, p. 363-364.

d'une façon un peu plus détaillée, qu'avec Benjamin nous avons affaire à quelque chose qui est en fait, sinon unique en son genre, du moins extrêmement rare – au don, de *penser poétiquement.*

Ce penser, nourri de l'aujourd'hui, travaille avec les "éclats de pensée" qu'il peut arracher au passé et rassembler autour de soi. Comme le pêcheur de perles qui va au fond de la mer, non pour l'excaver et l'amener à la lumière du jour, mais pour arracher dans la profondeur le riche et l'étrange, perles et coraux, et les porter, comme fragments, à la surface du jour, il plonge dans les profondeurs du passé, mais non pour le ranimer tel qu'il fut et contribuer au renouvellement d'époques mortes. Ce qui guide ce penser est la conviction que s'il est bien vrai que le vivant succombe aux ravages du temps, le processus de décomposition est simultanément processus de cristallisation ; que dans l'abri de la mer – l'élément lui-même non historique auquel doit retomber tout ce qui dans l'histoire est venu et devenu – naissent de nouvelles formes et configurations cristallisées qui, rendues invulnérables aux éléments, survivent et attendent seulement le pêcheur de perles qui les portera au jour : comme "éclats de pensée" ou bien aussi comme immortels *Urphänomene.*

NOTES DES TRADUCTEURS

I. Walter Benjamin, *Schriften*, Francfort-s-M., Suhrkamp Verlag, 1955, 2 tomes, et *Briefe*, Francfort-s-M., 1966, 2 tomes. Une grande partie des textes des *Schriften* ont été repris dans deux sélections publiées chez le même éditeur : *Illuminationen* (1961) et *Angelus Novus* (1966).

Nous renvoyons aux traductions françaises existantes : *Essais sur Bertolt Brecht*, trad. P. Laveau, Maspero, Paris, 1969, et aux trois volumes d'*Œuvres*, traduits par Maurice de Gandillac, Rainer Rochlitz et Pierre Rusch, Paris, Gallimard, Folio essais, 2000.

II. Trad. M. de Gandillac, W. Benjamin, *Œuvres*, I, *op.cit.*, p. 274-275. Mais nous retraduisons de l'allemand.

III. Il n'existe pas de traduction française des *Lettres*. [Un choix de lettres de Benjamin a paru depuis : Walter Benjamin, *Correspondance* (2 vol.), édition établie et annotée par Gershom Sholem et Theodor W. Adorno, traduit par Guy Petitdemange, Paris, Aubier-Montaigne, 1979. (N.d.E.)]

IV. Traduction française intégrale dans *Œuvres*, I, *op.cit.* p. 274 sq.

V. Mais Benjamin a-t-il vraiment voulu faire carrière à l'Université ? Ce n'est pas "mon chemin" dit-il dans une phrase que cite l'auteur dans la version allemande de son essai (p. 10).

VI. *Ursprung des deutschen Trauerspiels*, édité chez Suhrkamp, en livre de poche, depuis 1972 (1re édition : Ernst Rowohlt Verlag, 1928).

VII. C'est nous qui soulignons. "La Tâche du traducteur", in *Œuvres*, I, *op.cit.* p. 244. (La phrase citée conclut le premier paragraphe.)

TABLE

ACHEVÉ D'IMPRIMER
DANS L'UNION EUROPÉENNE
POUR LE COMPTE DES ÉDITIONS ALLIA
EN JANVIER 2015

ISBN : 978-2-84485-792-7
DÉPÔT LÉGAL : FÉVRIER 2007

1re ÉDITION : FÉVRIER 2007
7e ÉDITION : JANVIER 2015